재난과
인공지능

ARTIFICIAL INTELLIGENCE for DISASTER MANAGEMENT

재난과
인공지능

송창영

예문사

머리말

  현대사회는 과거와 달리 사회적, 경제적, 환경적 위험이 복합적으로 증가하고 있습니다. 특히, 폭발, 화재, 환경오염사고, 교통사고, 세계적인 감염병의 발생 등 사회재난뿐만 아니라 지구 온난화 현상과 세계 전역에서 동시다발적으로 발생하는 기상 이변으로 인한 집중호우, 해일, 지진 등과 같은 대규모 자연재난이 지속적으로 발생하고 있습니다. 이와 같은 재난은 그 피해액도 상상 이상이며, 그에 따른 인명피해와 사회적 손실은 한 나라의 사회·경제적 분야에 큰 영향을 줄 만큼 점점 거대화되고 있습니다. 현대 산업사회와 미래 첨단사회는 복합재난이나 국가핵심기반 재난 그리고 새로운 유형의 신종 재난 등으로 예측조차 힘든 상황입니다.

  하지만 첨단기술의 발전은 재난대응의 새로운 방향성을 제시하고 있으며, 그중에서도 인공지능은 재난관리에 있어 아주 중요한 역할을 담당하고 있습니다. 재난관리에 인공지능을 적용해야 하는 이유를 살펴보면, 첫째, 인공지능은 대량의 데이터를 빠르게 분석하고 처리할 수 있는 능력을 갖추고 있습니다. 인공지능 기술을 활용하여 대량의 데이터를 신속하게 처리하면, 실시간으로 상황을 파악하고 적절한 대처 방안을 모색할 수 있습니다.

둘째, 인공지능은 다양한 데이터를 종합적으로 분석하여 예측할 수 있는 뛰어난 능력을 갖추고 있습니다. 이는 재난 예방에 매우 유용한 기술입니다. 예를 들어, 인공지능 기술을 활용한 기상예측 모델은 재난 예방과 대응에서 매우 중요한 역할을 합니다.

셋째, 인공지능은 자동화된 시스템을 구축할 수 있습니다. 이는 재난 대응 시스템을 보다 빠르고 정확하게 운영함으로써, 인간의 실수를 최소화할 수 있습니다.

넷째, 인공지능은 실시간으로 데이터를 분석하고 즉각적인 조치를 취할 수 있는 능력을 갖추고 있습니다. 이는 재난 상황에서 응급 상황 처리와 빠른 조치로 피해를 최소화할 수 있어 이러한 능력을 갖춘 인공지능 기술은 매우 중요합니다.

이처럼 재난 관리에 인공지능을 적용하는 것은 매우 중요합니다. 인공지능을 활용한 재난 관리 시스템을 구축하면, 재난의 예방, 대응, 복구 작업에서 보다 효과적인 대처가 가능해지며, 이는 인간의 안전과 생명을 보호하는 데 큰 도움을 줄 수 있습니다.

본서는 재난환경의 변화로 인한 미래형 재난의 특징, 인공지능의 개념, 제4차 산업을 적용한 재난관리, 인공지능의 재난관리에 대한 개념을 다루고 있습니다.

본서를 집필하는 과정에서 많은 도움을 주신 여러 실무자 여러분께 진심어린 감사를 표하며, 이 책이 재난 관리에 인공지능을 적용하는 과정에서 도움이 되는 자료가 되었으면 하는 바람입니다. 특히,

(재)한국재난안전기술원 연구진들과 함께 출간의 기쁨을 나누고 싶습니다.

　끝으로 본서의 출판을 위해 열심히 도와주신 예문사 임직원 여러분께 깊은 감사를 전하며, 저의 해피바이러스인 보민, 태호, 지호 그리고 아내 최운형에게 사랑한다는 말을 전하고 싶습니다.

송 창 영

차 례

Chapter 1
미래의 재난

01
미래재난의 이해

1. 재난의 정의와 역사

인류의 역사는 늘 재난과 함께 쓰이고 있다. 재난으로 인해 인류는 생명과 재산을 잃고 삶의 터전을 빼앗기기도 했지만, 꿋꿋이 재난을 극복해 왔고 지금도 재난을 이겨내며 문명을 발전시키고 있다.

과거의 재난은 하늘로부터 비롯된, 인간의 통제가 불가능한 천재지변을 의미했다. 하지만 인류의 문명이 발전하는 과정에서 인간의 의도나 실수로 발생한 사고 또한 재난의 유형에 포함되기 시작했다.

재난의 개념은 관련 법령이나 학자들의 의견 그리고 나라별로 조금씩 차이를 보인다. 어떤 학자들은 재난을 '예상하지 못했거나 비정상적인 사건 또는 현상으로 인해 재산이나 신체에 손실을 초래하는 상태'로 정의하고 또 다른 학자는 '인간의 생존 및 일상을 위협하

∞ 미국의 연방재난관리청(FEMA) 1

거나 파괴하는 상태'로 정의하기도 한다.

　미국 연방재난관리청(FEMA)은 재난을 "사망과 상해, 재산피해를 가져오고 일상적인 절차나 정부의 자원으로는 관리할 수 없는 심각하고 규모가 큰 사건으로, 이러한 사건은 보통 돌발적으로 일어나기 때문에 정부와 민간조직이 인간의 기본적 수요를 충족시키고 복구를 신속하게 하고자 할 때 즉각적 · 체계적 · 효과적인 대처를 하여야 하는 사건"으로 정의하고 있다.

　좀 더 구체적으로 정리해 보면, 재난이란 일반적으로 자연현상이나 인위적인 행위가 원인이 되어 상황이 안 좋은 방향으로 급격히 변하거나 그 영향으로 인하여 인간의 생명과 재산에 단기간 큰 피해를 주는 현상이라고 정의할 수 있다. 즉, 재난은 인간의 생존과 재산의 보존이 불가능할 정도로 생활환경을 위협하는 사고를 말하며, 그 결과로써 나타나는 피해를 재해라고 말한다.

　이처럼 재난은 관점에 따라 다양하게 정의할 수 있고 그 유형도 여러 가지 기준에 따라 다르게 분류된다. 과거에는 태풍, 홍수, 지진 등과 같은 천재지변과 화재나 폭발, 교통사고 등의 인위적 재난만을 정의하였다. 그러나 최근에는 기존 재난의 개념 외에도 환경변화에 따른 새로운 질병, 사회적 환경의 변화나 사이버 환경의 증가, 국가핵심기반의 마비 등 현재 상태의 기술로 예상하지 못했던 새로운 유형의 재난까지 포함하는 통합적 개념으로 확장되고 있다.

현대의 재난과 과거의 재난을 비교했을 때 그 근본은 크게 다르지 않다. 하지만 과거의 재난은 천재지변이라고 할 수 있는 자연재난에 근접해 있었다면, 현재의 재난은 사회재난과 자연재난을 포함하는 넓은 범위의 의미로 사용되고 있다. 특히, 최근에는 사회재난으로 인한 피해 규모가 자연재난을 능가하기도 하며, 사회재난과 자연재난을 모두 포함하는 복합재난의 발생빈도가 증가함에 따라 재난을 자연재난 및 사회재난 전체를 포괄하는 개념으로 받아들이고 있다.

사회재난 역시 과거에 비해 개인이나 특정 집단의 의도에 따라 폭력적 수단을 띠는 테러, 국지적 전쟁, 노조 파업, 방화 등 다양한 형태로 발전되고 있으며, 대형 원자력 사고, 전쟁, 초인간적인 인공지능, 유전공학의 오남용, 사이버 공격 등 인간의 생명과 재산에 영향을 미치는 포괄적 위협을 포함하고 있다.

최근 많은 학자들은 기술이 발전하고 산업화가 진행될수록 그 위험은 증가한다고 주장한다. 특히, 독일의 사회학자 울리히 벡(Ulrich Beck)은 "현대사회는 단순한 재앙이 아닌 급속한 과학기술 발전, 산업화 등의 예견된 잠재적 위험이 주로 기인하는 위험사회(Risk Society)"라고 경고하였다.

울리히 벡(Ulrich Beck, 1944~2015)

♦ 독일의 사회학자
♦ 연구 분야 : 법학, 사회학, 철학, 정치학
♦ 주요 업적 : 위험사회, 성찰적 근대화, 정치의 재발견, 적이 사라진 민주주의 등의 저작을 통해 근대성의 한계를 극복하고 새로운 '제2의 근대'로 나아가는 돌파구를 모색

2. 재난의 분류와 특성

물리적 관점에서 재난을 재산이나 인명피해의 정도에 따라 사고와 재난으로 분류하기도 하는데, 대부분의 국가에서는 피해 규모에 따라 일상적 사고와 구별되는 개념으로 재난을 정의하고 있다.

사회적 관점에서 재난은 그 지역사회의 충격과 혼란 상태에 따라 정의될 수 있는데 UN(United Nation)*은 '사회의 기본조직 및 정상 기능을 와해시키는 갑작스러운 사건이나 큰 피해를 입힌 사고로서 그 영향을 받은 사회가 외부의 도움 없이는 극복할 수 없고, 정상적인 능력으로 해결할 수 없는 사건, 사회기반시설이나 생활수단에 피해를 일으키는 사건'들을 재난으로 정의하고 있다.

전통적으로 재난의 유형은 자연재난과 사회재난으로 분류된다.

「재난 및 안전관리 기본법」에서는 자연재난을 태풍, 홍수, 호우(豪雨), 강풍, 풍랑, 해일(海溢), 대설, 한파, 낙뢰, 가뭄, 폭염, 지진, 황사(黃砂), 조류(藻類) 대발생, 조수(潮水), 화산활동, 소행성 ·

---

* 전 세계 전쟁 방지와 평화 유지를 위해 설립된 국제기구

유성체 등 자연우주물체의 추락·충돌, 그 밖에 이에 준하는 자연현상으로 인하여 발생하는 재해로 정의한다.

일반적으로 자연재난의 유형은 기상요인에 의한 기상재난과 지진·화산활동 등에 의한 지질적 재난으로 구분한다. 우리나라는 기상요인에 의한 기상재난의 발생빈도가 높고 지질적 재난은 거의 없는 상태라고는 하나 1978년 홍성지진(5.0), 1996년 영월지진(4.5), 2016년 경주지진(5.8) 그리고 2017년 포항시에서 발생한 규모 5.5의 지진 등에 비추어 볼 때 우리나라도 이제는 지진에 대한 안전지대라고 볼 수 없으며, 이에 대한 대비의 중요성이 제기되고 있다.

특히, 경주지진은 경상북도 경주시 남남서쪽 8km 지역에서 발생한 리히터 규모 5.8 지진으로 2016년 9월 12일 오후 7시 44분과 오후 8시 32분에 각각 규모 5.1의 전진과 5.8의 본진이 잇따라 발생했다. 국내에서 1978년 지진을 관측한 이래 역대 가장 강력한 지진으로 부상 23명의 인명피해와 재산피해 110억 원의 손해를 입었으며, 경주, 울산 지역은 물론 수도권 등 전국적으로 지진동이 감지되었다.

자연재난은 그 원인이 되는 자연현상 자체를 제거하거나 줄이는 것은 매우 어렵다. 따라서 자연재난으로 인한 피해를 유발하는 외력으로부터 지탱할 수 있는 시설물을 설계·시공하고, 방어시설물을 구축함으로써 재난이 발생한다 하더라도 그 피해를 최소화하는 것에 집중하고 있다.

사회재난은 통상 자연적인 원인이 아닌 인간의 의도가 반영되거나, 혹은 실수가 원인이 되는 재난을 말한다.

「재난 및 안전관리 기본법」에서는 사회재난을 화재·붕괴·폭발·교통사고·화생방사고·환경오염사고 등으로 인하여 발생하는

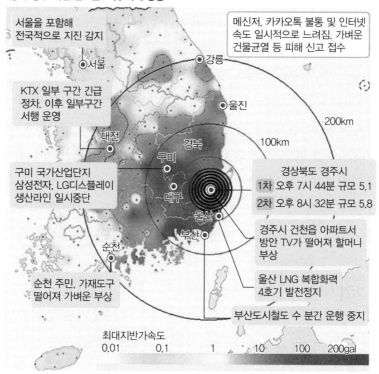

경북 경주 지진 진도분포 및 피해 상황

서울을 포함해 전국적으로 지진 감지

메신저, 카카오톡 불통 및 인터넷 속도 일시적으로 느려짐. 가벼운 건물균열 등 피해 신고 접수

KTX 일부 구간 긴급 정차. 이후 일부구간 서행 운영

구미 국가산업단지 삼성전자, LG디스플레이 생산라인 일시중단

순천 주민, 가재도구 떨어져 가벼운 부상

강릉

울진

200km

100km

서울

대전

경북

구미

대구

울산

부산

순천

경상북도 경주시
1차 오후 7시 44분 규모 5.1
2차 오후 8시 32분 규모 5.8

경주시 건천읍 아파트서 방안 TV가 떨어져 할머니 부상

울산 LNG 복합화력 4호기 발전정지

부산도시철도 수 분간 운행 중지

최대지반가속도
0.01   0.1   1   10   100   200gal

◌∞ 자연재난 사례 : 경북 경주지진(2016. 9. 12) 2

대통령령으로 정하는 규모 이상의 피해와 에너지·통신·교통·금융·의료·수도 등 국가핵심기반의 마비,「감염병의 예방 및 관리에 관한 법률」에 따른 감염병 또는「가축전염병 예방법」에 따른 가축전염병의 확산 등으로 인한 피해라고 정의하고 있다.

사회재난은 화재나 붕괴, 폭발, 교통사고처럼 일정 규모 이상의 피해를 유발하는 유형의 재난과 함께 국가핵심기반의 마비로 인한 피해까지 포함하고 있는데, 2000년 여의도 지하공동구 화재로 인하여 지하공동구의 통신시설, 전력시설 등이 유실되어 통신시설 서비스와 전기서비스가 동시에 중단되었던 사건이 계기가 되었다.

　과거에는 이러한 유형이 고려되지 않았으나 현대사회에서 사회기반 인프라가 중단되는 경우 사회적 혼란과 경제적 손실은 물론 국가 전체에 위기상황을 가져올 수 있기 때문에 포함되었다.

　그리고 국회는 2019년 3월 11일 미세 먼지로 인한 피해를 사회재난에 포함시키는 「재난 및 안전관리 기본법」 일부 개정 법률안을 의결하면서 미세먼지를 사회재난으로 분류하였다. 과거에는 기상청에서 대기질의 좋고 나쁨을 예보하는 정도에 불과하였다면, 지금은 재난의 한 유형으로 분류하여 체계적으로 관리하기 시작하였다. 즉, 재난은 몇 가지 유형으로 고정된 것이 아니라 환경이 변하고, 필요에 따라 그 유형도 변할 수 있는 것이다.

　현대사회는 과거에 비해 사회재난으로 인한 피해가 더욱 심각해지고 있다. 과학기술의 발달로 자연재난은 그 발생 가능성을 어느 정도 예측할 수 있고, 이를 예방하거나 피해를 줄이기 위한 대비책

⌁ 사회재난 사례 : 미세먼지 3

을 꾸준하게 마련하고 있지만 사회재난은 인간의 의도나 실수로 인해 발생되거나 다른 유형의 재난으로부터 파생되어 발생하기도 한다. 또한 사회재난은 예측하지 못한 상황에서 갑자기 발생할 수 있어 더 큰 상처와 아픔을 남기기도 한다.

그럼에도 불구하고 아직 사회재난의 심각성을 인식하지 못하는 경우가 많다. 이제는 어느 정도 예측이 가능한 자연재난과 비교하여 예측이 어려운 사회재난에 대해서도 이를 예방하고 대응하기 위한 다양한 연구와 국가적인 노력이 필요하다.

3. 미래의 재난

미래재난이란 사회·환경변화 등의 영향으로 이전까지 경험하지 못했던 새로운 형태의 재난 또는 이미 발생한 재난이라 하더라도 이들이 서로 복합된 형태로 발생할 수 있는 재난을 뜻한다.

미래의 재난은 몇 가지의 형태로 구분할 수 있다.

첫 번째로 동일본 대지진의 사례와 같이 하나 이상의 자연재난이 동일 시간 또는 가까운 시간 내에 연쇄적으로 일어나 자연재난이나 사회재난으로 특정할 수 없는 새로운 형태의 피해를 발생시키는 복합재난이 있다.

두 번째로 경제성장으로 인한 CO_2 배출이 기후변화를 유발하거나 풍수해, 물 부족 등 현대 과학기술로 인해 환경의 변화를 가져오는 재난이 있다.

세 번째로 의료기술의 발전으로 인해 인구 증가 및 고령화 촉진에 따른 식량 부족 및 감염병 확산을 유발하는 등 사회현상에 대처하기 위해 개발되는 과학기술이 재난환경에 영향을 미치는 사례를 들 수 있다.

마지막으로 국가, 기업, NGO, 개인 등이 의사결정에 영향을 갖는 분권형 사회로 변화함에 따라 이해관계 충돌로 폭력, 테러, 전쟁 등의 갈등이 발생하는 사회·경제적인 구조 변화로 인한 갈등을 들 수 있다.

이미 외국에서는 미래 예측을 통해 이러한 불확실성으로부터 오는 위험을 줄이기 위한 연구를 진행하고 있다. 미국에서는 1997년부터 국가정보자문회의에서 미래전망보고서를 발표하면서, 외부 환경변화와 불확실성을 진단하고 대안적 시나리오를 통해 정책적 의사결정을 제시하고 있다.

영국에서도 2012년 미래재난의 위험경감(Reducing Risks of Future Disaster) 보고서를 통해 2040년 재난환경 전망 및 위험요소를 분석하여 발생할 수 있는 미래재난에 대비하고 있다. 또한 경제협력기구(OECD)에서도 2009년부터 미래 연구 프로그램을 수행하여 《미래 글로벌 쇼크(Future Global Shocks)》를 발간하고 국제적인 위기요인과 위험 요소 등을 분석하여 국제 공조방안을 제시하고 있다.

최근 OECD에서 선정한 향후 인류에게 닥칠 수 있는 재난요인 4가지는 다음과 같다.

첫 번째, 인구 구조의 변화이다. 인구 증가로 인한 고령화, 감염병 확산, 식량 부족 및 빈곤에 의해 전쟁 등의 영향을 받을 것이라고 예측하고 있다.

두 번째, 지구환경의 변화이다. 인구 증가와 경제성장으로 인한 CO_2 배출량 증가는 지구온난화를 유발하여 자연재난의 주기 및 강

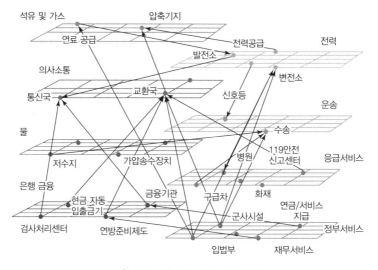

°o% 중요 인프라 상호 의존성 4

도가 변화할 수 있다. 이는 오랜 시간 경험과 연구를 통해 자연재난에 대한 대비책을 만들어 온 인류의 지식과 역량을 뒤흔들고 있다. 그리고 수자원 부족에 따른 보건상태 악화, 전 세계적인 감염병 확산, 생물 다양성 축소에 따른 생태계 파괴 유발 등 지구환경의 변화로 인해 다양한 재난이 발생할 수 있다.

세 번째, 기술의 발전으로 인한 재난이다. 기술변화의 급속한 속도와 광범위한 확산, 사회 제반 분야 간 연결성은 어느 한 분야의 사고가 사회 전체 및 세계 전체로 파급될 수 있다.

마지막으로 사회·경제적 구조의 변동이다. 세계는 국가, NGO, 민간기업, 개인들이 중요한 의사결정과정에서 대등한 목소리를 내는 분권형 사회로의 가속화가 진행되고 있으며, 이러한 과정에서 사회 주체 간 이해 충돌 등이 발생할 수 있다.

아직까지는 전 세계적으로 발생하는 다양한 유형의 재난 중 풍수해로 인한 피해가 가장 큰 편이다. 하지만 과학기술이 발달하고 도시화가 진행됨에 따라 과거에는 발생하지 않았던 다양한 유형의 재난이 발생하는 것이 최근의 추세이다.

하지만 기후변화에 따른 지구온난화 현상이 가속화되면서 자연재난의 발생빈도가 변칙적으로 바뀌고 있으며, 이로 인해 과거보다 예측이 힘들어지고 피해액도 증가하고 있다. 이에 따라 사회재난은 국민들의 교육과 훈련을 통해 어느 정도 그 피해를 줄일 수 있다는 점에서 예방과 대비적 측면이 강조되고 있다. 또한 좁은 지역에서의 집중적 인명피해로 대량 사상자가 발생한다는 측면에서 인명구조와 응급 의료적 관리가 강조된다.

자연재난도 재난의 확산에 대한 대응과 피해감소를 위해 기상과 지질활동의 예측 등에 첨단화된 기술이 도입되고 있다.

오늘날 한국 사회는 그동안 간과했던 위험 요소와 대응 체계들에 대해 철저히 되짚어 볼 것을 요구받고 있다. 향후 발생할 수 있는 돌발적인 재난에 대응하기 위해서는 무엇보다도 미래의 환경변화를 선제적으로 예측하고 대비하는 노력이 필요하다. 동시에 새로운 위험요소를 관리할 수 있는 사회 전반의 대응 역량을 증진시키는 데 노력을 기울여야 한다.

02
재난환경의 변화

전례 없는 기상이변이 다가오고 있다.

가속화되는 기후변화는 재난환경을 변화시켰으며 이로 인해 재난의 규모와 형태가 대형화, 복잡화 그리고 다양해짐에 따라 발생 시점과 발생 장소 및 인명과 재산 피해의 정도를 예측하는 것이 점점 더 어려워지고 있다. 또한 국민생활과 밀접한 관계가 있는 사회기반시설이 대형화, 고도화되면서 재난으로 인한 피해가 대규모화되고, 사회적 불안이 가중되고 있다.

여론은 재난이 발생할 때마다 모두 '인재'로 지적하며 국가재난관리시스템을 비난하고, 정부에서 다양한 대책을 마련하고 있지만 여전히 이러한 재난은 꾸준히 증가하고 있어 국민들의 불안감이 더욱 가중되고 있는 것이 현실이다.

그간 우리나라의 재난관리는 재난 발생 이전의 상태, 이전보다 안전한 상태로 복구하는 개념을 적용하였으나, 최근에는 이를 조금 더 구체화해 탄력성 혹은 복원력을 향상시키고자 하는 노력이 진행 중이다.

자연재난은 아무리 노력해도 100% 예방하는 것은 불가능하다. 이러한 배경에서 재난관리의 예방 – 대응 – 대비 – 복구의 패러다임을 저감 – 대응 – 대비 – 복구의 개념으로 접근하고자 하는 의견이 제시되고 있다.

미래의 재난에 대비하기 위해서는 먼저 급속한 재난환경의 변화를 이해해야 한다.

최근 대형복합재난이 재난안전의 이슈로 대두되고 있다. 여기서 복합재난은 사건 혹은 재난을 유발하는 사소한 사건들이 연달아 발생해 일련의 상호작용으로 피해가 확대되는 것을 말한다.

동일본 대지진과 지진해일로 인해 원자력발전소가 파괴되어 전력 공급 중단과 방사성 물질 누출로 이루어진 사고, 화재진압 과정에서 일어나는 실수가 원유를 실은 열차의 도심지 내 폭발을 유발해 40여 동의 건물을 파괴한 캐나다 퀘벡 열차탈선 폭발사고, 아이슬란드 에이야프얄라요쿨 화산 폭발로 인한 항공 마비 등은 자연재해가 사회재난을 유발한 대형복합재난의 예시이다.

이들은 모두 산업화, 도시화로 인해 인명과 재산이 고도로 밀집된 도시에서 피해가 확대되었다는 공통점을 갖고 있다.

독일의 사회학자 볼프강 소프스키(Wolfgang Sowski)*는 향후 사회를 이끌어 갈 주도적 이념은 자유나 평등, 박애가 아니라 안전이 될 것이라고 전망했다. 21세기 시민이 당연히 누려야 하는 권리, 혜

---

* 독일의 사회학자로 안보정책, 개인 파괴 그리고 다양한 형태의 인간 비도덕에 의한 자유의 위협에 전념한 인물이다.

∝ 아이슬란드 에이야프얄라요쿨 화산 폭발 5

택은 바로 '안전한 삶'이라는 것이다.

국민의 안전은 그 어느 때보다도 위협받고 있다. 홍수와 가뭄, 지진, 태풍, 폭염과 한파, 폭설 등 기후변화로 인해 자연재해는 더욱 강력해지고, 매년 사상 최대의 피해가 갱신되고 있다.

사회 인프라가 고도로 집적된 도시에서는 화재, 붕괴, 대형 교통사고, 폭발 등 사회재난이 잦은 횟수로 소중한 인명과 재산을 빼앗아 가버리곤 한다. 이제 안전을 위한 대비가 시급하며, 국가 역량을 집중해야 할 때이다.

1. 잠재적 재난(Black Swan)

현대사회는 예기치 못한 돌발적인 재난을 자주 경험하고 있다. 이들 사건은 처음에는 크지 않은 하나의 사고로 촉발되지만, 진행 과정에서 다른 위험요소들과 결합하면서 유례없는 대형재난으로 귀결되었다는 공통점을 가진다. 즉, 극히 낮은 확률의 모든 악조건이 겹치면서 참사로 발전하였고, 이는 결과적으로 막연한 위험 요소들이 현실의 재난으로 뒤바뀔 수 있는 이른바 '블랙스완(Black Swan)'의 가능성을 보여준 것이다.

1697년 호주 대륙에서 검은색 백조가 처음 발견되기 전까지 유럽인들은 모든 백조가 하얗다고 생각했다. 그전까지 인류가 발견한 백조는 모두 백색이었기 때문이다. 이때의 발견으로 '검은 백조'는 '진귀한 것' 또는 '존재하지 않을 것으로 생각하는 것이나 불가능하다고 인식된 상황이 실제 발생하는 것'을 가리키는 은유적 표현으로 사용되어 왔다.

여기에 착안해 미국의 투자전문가 나심 니콜라스 탈레브(Nassim Nicholas Taleb)는 2001년 '블랙스완 사건(Black Swan Event)'이라는 용어를 처음 사용하였다. '블랙스완 사건'에 속하는 사건들의 특징은 극단적으로 예외적이어서 발생 가능성이 없어 보이지만 일단 발생하면 엄청난 충격과 파급효과를 가져올 수 있음을 의미한다.

2001년 9·11테러가 그랬고, 2011년에는 동일본 대지진이 우리를 경악하게 만들었다. 또한 2022년 서울 도심의 이태원에서 핼러윈 축제를 즐기기 위해 나온 청년들이 압사 사고로 사망하기도 했다. 발생하기 전까지는 그 누구도 상상하기 어려운 사고들이었다.

대형재난은 사전에 수많은 징후와 원인들이 쌓였을 때 발생한다.

그래서 블랙스완형 재난을 관리하기 위해서는 사고 원인의 조그마한 연결고리를 끊는 것부터 시작해야 한다. 다시 말하면 보이지 않는 시스템적 내부 결함, 사소해서 놓치기 쉬운 프로세스 등을 세밀히 들여다보아야 한다.

'호미로 막을 것을 가래로 막는다'라는 속담이 있다. 정부는 사고예방을 강화하는 저비용, 고효율의 재난관리를 위해 다양한 노력을 기울이고 있다. 즉, '블랙스완 탐지시스템'을 강화하는 것이다. 국민 누구나 참여할 수 있는 안전신문고를 운영하고 전문가들과 함께 안전대진단을 실시하고 있다. 또 일종의 재난예방 시험성적표인 지역안전지수를 만들어 지방자치단체의 노력도 독려하고 있으며 각종 정보시스템 등을 통하여 다양한 재난정보를 수집하고, 이러한 정보를 활용하여 재난 발생 가능성을 분석하는 빅데이터 관리체계도 구축하였다. 그 밖에도 연구개발(R&D) 투자와 국제적 공조도 강화하고 있다.

국민의 안전의식 수준을 완전히 바꾸는 데 약 60년의 기간이 걸린다고 한다. 한 어린아이가 태어나서 안전의식을 스스로 반사적으로 터득하는 데 60년은 흘러야만 제대로 안전문화가 몸에 배고 정착된다는 것이다.

다시 말해, 우리가 주위에 공기가 있다고 생각하지 않은 채 숨을 쉬듯이 안전을 중시하는 습성이 몸에 익숙해져 자연스럽게 나올 수 있어야 안전의식이 정착되었다고 할 수 있다. 수많은 희생을 치르고도 승리한 장수는 영웅으로 기록되지만 보이지 않는 곳에서 전쟁을 막은 사람은 쉽게 잊혀진다. 이처럼 성공적으로 예방한 재난관리는 성과가 드러나지 않아 평가받기 어려운 것이 사실이다.

안전한 사회 없이는 경제부국도 국민행복도 사상누각일 뿐이다.

'어느 날엔가 마주칠 재난은 우리가 소홀히 보낸 어느 시간에 대한 보복이다'라는 나폴레옹(Napoleon)의 말은 모든 국민들이 한번 되새겨볼 만하다. 알프스의 빙하가 사라지고 있다거나, 태평양·인도양의 섬나라들이 물에 잠긴다는 이야기에는 실감이 나지 않는다.

하지만 최근 우리나라 중부지방에서 아열대성 소나기가 갑자기 내리거나, 남해·동해안의 수온이 올라 수산물이 난대성으로 변화하고 있다는 등의 우리가 쉽게 접하는 일들에 이르면 온실가스, 지구온난화의 위협이 점점 생생하게 느껴진다.

2019년 4월 유럽우주국 국제 공동연구팀이 〈네이처(Nature)〉 저널에 발표한 연구에 의하면 전 세계에 걸쳐 있는 얼음은 1961년 이후 모두 9조 톤이 넘게 녹아내리면서 해수면을 27mm 올려놓았다.

특히, 최근의 기후변화로 인해 자연재난의 규모가 예상보다 큰 규모, 소위 '블랙스완'으로 나타나는 경우가 점점 많아지고 있다. 이런 기후변화에 대응하기 위해 전 세계적으로 신재생에너지를 개발하고, 에너지를 절약해 온실가스를 줄이는 목표를 자발적, 강제

⅌ 세계 지역별 빙하 손실의 총량 6

적으로 달성하고자 노력하고 있다. 그럼에도 불구하고 기후성 재난으로 인한 피해는 여전히 가장 큰 피해를 야기시키고 있다.

과거로부터 주요 문명은 강을 중심으로 만들어졌고, 비가 많이 와서 강이 범람하는 것을 잘 다루는 것은 고대 이래로 국가 경영의 중요한 주제였다.

중국의 요순시대에는 '곤'이란 사람이 황하의 물줄기를 둑만 쌓아 다스리다가 실패하여 사형에 처해졌다. 후임자인 순임금이 곤의 아들인 대우에게 같은 일을 맡기니, 대우가 둑을 쌓을 곳은 둑을 쌓고, 물길을 뚫을 곳은 뚫어 성공적으로 홍수를 통제했다는 대우치수(大禹治水)의 전설이 전해진다.

대우치수의 전설에는 일상적인 상황에서의 대책과 함께 드물게 일어나는 상황과 이에 대한 대책까지 모두 포함하고 있다. 곤은 일상적인 규모의 홍수에 대비하여 일상적인 수준의 둑을 만들어 대처하다가 드물게 일어나는 거대 규모의 홍수에 둑이 이겨내지 못하여 치수에 실패한다. 반면에 대우는 일상적인 규모보다 큰 규모의 물 흐름을 일상적 규모로 낮추기 위해 미리 물을 하류로 빠져나가게 하는 방법을 사용하여 성공한다. 즉, 체계적인 재난대비를 위해서는 '파레토 법칙'*과 '블랙스완' 모두를 염두에 두어야 한다.

정부와 서울시는 하천 관리에 많은 노력을 기울이고 있다. 가장 재난 빈도수가 많은 곳을 가장 먼저 대비해야 하는 파레토법칙을 따르면 4대강을 다스리고 한강의 물줄기를 돌보는 것이 맞다. 그러나 서울의 노들길, 동부간선도로, 탄천 주변, 강남역, 봉천동 등은 주

---

* 파레토 법칙(Pareto principle, law of the vital few, principle of factor sparsity) 또는 80 대 20 법칙(80-20 Rule)은 '전체 결과의 80%가 전체 원인의 20%에서 일어나는 현상'을 말한다.

기적으로 피해가 반복되고 있음에도 여전히 근본적인 대책이 취약한 곳이므로 파레토 법칙 아래에서도 더욱 관리에 힘써야 하는 곳이다.

우면산, 춘천 등의 산사태는 블랙스완의 대표적인 사례다. 비는 결국 강이나 바다로 모이지만, 구름으로부터 떨어지는 순간부터 산, 골짜기, 도로, 하수구 등을 거치게 된다. 이상기후 시대에 비가 많이 올 때는 예상하던 규모보다 훨씬 큰 규모로 올 수 있고, 산, 절개지, 하수구 등 지금까지는 위험해 보이지 않던, 그러나 엄청난 규모의 물이 지날 가능성이 커지고 있는 모든 지역에 대해서 잘 관리하지 않으면 예상하기 힘든 규모의 재난은 또 나타날 것이다.

그나마 불행 중 다행인 것은 재난에서 나타나는 블랙스완은 생물학적 돌연변이가 아니라 자연환경이 사람들의 행동에 따라 조금씩 바뀌고 있는 것을 우리가 간과하고 있기 때문에 생긴다는 사실이다. 따라서 블랙스완의 주변에 일어나는 현상에 대해 철저히 분석하고 대책을 수립하여 실천하는 것으로 선제적인 대응시스템을 갖출 수 있을 것이다.

2. 초연결 사회의 블랙스완

아나벨 퀴안-하세(Anabel Quan-Hasse)와 배리 웰먼(Barry Wellman)은 '초연결 사회'를 네트워크로 연결된 조직 및 사회에서 이메일, 메신저, 휴대폰, 면대면 접촉 등 다양한 방법을 통해 주로 인간과 인간 간의 상호 소통이 가능한 시대로 정의하였다. 그리고 최근 스마트 기기의 확산과 SNS를 통한 사람과 사람 간의 소통이 더욱 활발하게 진행됨에 따라 IT의 기술적 발전 및 인간과 사물, 사물과 사물 등으로 연결범위가 확대되고 있다.

초연결 사회는 IT를 바탕으로 사람, 프로세스, 데이터, 사물이 서로 연결됨으로써 지능화된 네트워크를 구축, 이를 통해 새로운 가치와 혁신의 창출이 가능해지는 사회이며, 모든 것이 네트워크에 연결되어 방대한 양의 정보와 지식까지도 공유와 소통을 통해 새롭게 생산되고, 이를 바탕으로 수많은 사업적 기회가 창출되며 빈부의 격차 해소나 효율적 자원 운용 등 사회 현안에 보다 능동적으로 대처하고 해결할 수 있는 사회이다.

2012 세계경제포럼(WEF)에서 미래사회로의 발전 동력으로 ICT 기반의 초연결 사회가 대두되었으며, 이는 경제·사회의 다양한 현안에 대한 대응 방안으로 주목받기 시작하였다. 글로벌 경제 침체와 장기화 조짐에 따른 위기대응방안으로 초연결을 제시하였으며, 초연결 사회로의 변화는 모바일 중심의 사용자 폭증에 따른 요구증대, 소비 주도 IT로의 변화, 산업 내 또는 산업 간 경계 파괴 및 융합에 의한 새로운 기술과 가치의 창출을 유도할 것으로 기대되었다.

그러나 2년 후 2014 세계경제포럼에서는 초연결 사회에 대한 우려와 네트워크 중심의 사회변화에 따른 예상 밖의 연결, 정보보안·사이버테러 등에 대한 문제가 대두되기 시작하면서 점차 우려의 시각이 확대되기 시작하였다. 초연결 사회로의 가속화에 따른 대응방안에 관한 주제가 7대 핵심화두 중 하나로 다루어질 만큼 시선의 변화가 생기기 시작한 것이다.

국내에서도 새로운 위험에 대한 우려가 생기기 시작했다. 인터넷 기술이 발달하고 초연결 사회로 진화함에 따라 과거에 존재하지 않던 새로운 유형의 위험이 현실화되고 있다.

예를 들어, 전국 방송·통신 서비스 중단의 시대별 발생 원인별 위기 유형을 살펴보면, 2000년 이전에는 자연재난에 의한 통신망 시설의 침수나 유실의 원인이 대부분이었다. 반면, 2000년 이후에는 악성 바이러스, 사이버 공격 발생으로 인터넷이 단절되는 원인이 되었고, 더 나아가 스마트폰의 저변 확대로 인한 이용률 폭증에 따른 통신망의 과부하가 발생원인이 되기도 하였다.

현대사회에서 개인에 대한 대표적 정보 식별 수단으로써 활용되는 이름, 주민등록번호, 운전면허번호 등의 개인정보는 국가 행정서비스, 금융서비스, 사이버 공간에서 여러 가지 목적으로 활용되고 있다.

개인정보의 종류는 16개 분야에 걸쳐 약 100개(개인정보보호 종합지원 포털)가 넘고 소셜 미디어 등 사회활동에 따른 정보의 추가 생산은 기하급수적으로 증가하고 있다. 개인정보는 대부분 일차적으로 인터넷 서비스를 받기 위한 각종 가입정보로 사용되었고, 이러한 가입정보가 악의적으로 유출되거나 해킹을 통해 유출됨으로써 2차 피해를 유발하고 있다.

앞으로 다가오는 초연결 사회에서는 국가나 기업의 경제·사회적인 서비스 제공을 위해 광범위한 정보가 요구될 것이며, 대표적인 사례는 '맞춤형 서비스'가 될 것이다. 일례로 개인의 건강, 복지 및 편리 등을 목적으로 하는 개인 맞춤형 서비스는 매우 상세한 개인정보를 요구하게 될 것이고, 이를 수집·분석하여 다시 개인에게 서비스하는 체계가 될 것이다.

이는 곧 개인에 대한 인식정보뿐만 아니라 행동 패턴이나 습관, 이동 경로 등과 이를 토대로 개인의 미래예측정보까지 만들어 냄으로써 개인의 과거·현재·미래의 모든 삶이 정보화됨을 의미한다.

만약 이를 악의적 목적으로 사용하게 되면 경제적 피해나 생활의 불편을 넘어 개인의 삶 전체를 위기에 빠뜨릴 수 있다. 이미 빅브라더 문제나 사이버보안 문제는 심각한 수준에 도달한 상태이다.

웹 3.0 시대의 맞춤형 서비스는 개인에게 특화되고 필요한 서비스를 제공하겠다는 청사진이 있으나, 그 이면에는 그만큼의 개인정보를 제공해야 한다는 전제조건이 있다.

결국, 인간은 인간의 편리를 위해 시스템을 만들었으나, 결국 그 시스템에 인간이 정보를 제공하는 수단으로 전락할 우려가 있다. 시스템에 제공된 정보는 개인의 맞춤형 서비스만 제공하는 것이 아니라, 이러한 자료가 빅데이터가 되어 경제적 이익 창출 수단으로 사용할 수 있기에 그 위험은 증대될 것이다.

최근 인공지능을 가진 각종 기기 등이 개발되고 있으며, 미래에는 인간을 대체하여 의사결정을 내릴 수 있는 초지능형(스마트 또는 인텔리전트) 시스템이 등장하게 될 것으로 예상된다.

또한 빅데이터에 인공지능이 융합됨에 따라 다중 데이터 수집 → 대규모 정보 저장/관리 → 실시간 정보 처리/분석 → 초고도 지능에 따른 의사결정 → 지능 가시화의 방향으로 발전해 나갈 것이다.

이를 위해 미래의 빅데이터 분야 핵심 5대 기술로 실시간 인텔리전스 처리 플랫폼, 이종 데이터 융합 인프라 기술, 대용량 분산 파일 시스템 기술, 인-메모리 분산 DBMS 기술, 소셜 웹 이슈 탐지 모니터링 및 예측 기술이 대두된다.

그러나 미래 ICT 기기와 시스템에 인간형 인지 · 판단 능력을 부여할 수 있고 고도의 지능화에 따른 의사결정이 가능해진다 해도 인간의 고유 사고 영역인 윤리지능을 대체하기는 불가능할 것으로 보이고 이로 인해 사회 자체가 위태로워질 수도 있다.

윤리지능을 갖추지 못한 시스템에 의해서 사회 전반에 대한 의사 결정과 운영이 맡겨진다면 자원의 배분이나 기능 측면에서는 단기간에 효율적일 수 있으나, 결국엔 사회의 지속성에 심각한 문제를 유발할 수 있기 때문이다.

윤리란 사람과 사람 사이의 관계에서의 도리로서 법과 규칙이 해결할 수 없는 상황에서도 인간은 행동에 대한 옳고 그름을 상황에 따라 분별하고 반성할 수 있는 일종의 행동규제와도 같으며 이를 유지함으로써 비로소 사회가 지속 가능해진다.

만약, 초지능형 시스템에 의해서 사회가 유지된다 하더라도 윤리적 선택이 아닌 지식과 매뉴얼에 기반한 선택은 오류를 일으키거나 심각한 사회적 갈등 유발로 이어질 가능성이 크고, 이런 상황들이 결국엔 사회의 지속성에 치명적 위협으로 나타날 것이며, 이런 심각한 오류에 대해서도 향후에 책임을 질 수 있는 대상이 불분명한 사회일 가능성이 높다.

구글은 영국 런던에 본사를 둔 인공지능(AI) 분야 기업 '딥마인드(Deepmind)'를 인수하면서 윤리강령(Ethics Board)을 제정하여 향후 무인 시스템의 출시를 앞두고 발생할 수 있는 사회적 갈등 해소를 위해 대비하고 있다. 이러한 발생 가능한 문제점은 다음과 같은 미래를 예상할 수 있다.

첫 번째, 고령화에 따른 홈 헬스케어 또는 셀프 헬스케어 시스템 등의 출현으로 가정에서의 의료 편의성은 증대할 수 있으나, 위급환자에 대한 수송 및 긴급처치의 요청신호가 폭증할 가능성이 높고 119 구급대의 서비스 대응은 자원적·상황적으로 한계에 도달할 것이다. 다시 말하자면 디지털 위험신호는 증가할 것이나 이에 대응하는 아날로그적인 위험대응에 대한 수요는 감당하기 어렵게 될 것이다.

두 번째, 지능형 CCTV나 범죄자 프로파일링에 기반한 범죄예측 상황 발생 시, 예측에 의한 범죄 가능성과 그에 따른 사전 검거 또는 범죄위험인물 분류 및 감시체계 운용은 충분히 윤리적 문제를 유발할 가능성이 높다.

　세 번째, 교통통합시스템과 연계한 자동운전 스마트카가 보편화된 상황에서, 보행자 출현 등의 돌발 상황 발생 시 운전자와 보행자에 대한 안전 우선순위에 따라 운전조작이 달라질 수 있다. 이는 사람의 생명을 담보로 한 의사결정을 사람이 주체가 아닌 지능형 시스템에 의존한 결정이 과연 합당한지에 대한 논란을 가중시킬 수 있다. 초연결 사회의 핵심은 사회시스템과 네트워크이며 이를 구성하는 전력망과 통신망 등 국가핵심기반은 미래사회로 갈수록 그 연결성이 더욱 가속화·집중화될 수 있다.

　소설《삼국지》의 적벽대전에서 조조가 육상전에 익숙한 보병의 이점을 살리기 위해 연환계라는 하나의 연결성을 만들어 냈던 것처럼 국가는 국민의 편리한 생활과 국가시설의 효율적 운용을 위한 시스템을 구축하면서, 시스템적인 연결성이 강화되고 있다. 즉, 기술의 발전에 따라 전력·통신망 등의 의존성이 극대화된 초연결 사회로 향하고 있는 것이다.

03
복합재난이란?

　최근 우리 사회는 사회적·환경적 변화로 인해 다양한 위험 요인들이 상호 연계되어 나타나는 대형재난의 발생이 빈번해지고 있다. 특히, 다양한 형태의 단일재난이 연속적 또는 동시다발적으로 발생하는 복합재난으로 이어지는 경우가 증가하고 있다. 복합재난은 사회 전반적인 영향을 미치고 피해 규모가 천문학적이며 단일 지역 또는 국가를 넘어 국제적인 영향을 미칠 수 있다.

　2011년 3월 발생한 동일본 대지진이 복합재난의 가장 대표적인 사례로 볼 수 있는데, 동일본 대지진은 규모 9.0의 지진으로 건물 붕괴, 지반 침하, 대형 화재가 발생했고, 대형 쓰나미로 인해 도시 침수와 원전 폭발이라는 복합적인 재난이 동시에 발생해 2만여 명의 사망자와 실종자, 20여만 명의 이재민, 350조 원 이상의 재산피해를 가져왔다. 특히, 정전으로 인한 냉각시설의 고장으로 원자로가

⚡ 2011년 3월 11일 발생한 지진으로 인한 피해(왼쪽)와
쓰나미로 인한 피해(오른쪽) 7

폭발, 방사능이 유출돼 전 세계로 퍼져나가는 피해가 발생했다. 이는 현대사회가 대규모 재난에 얼마나 취약한지를 잘 보여주는 계기가 되었다.

복합재난은 크게 2가지로 정의할 수 있다.

첫째로 재난의 원인은 하나지만 그 피해는 인명피해는 물론 농업, 교통, 에너지, 교육 등 사회기반시설 붕괴 및 공공서비스 마비 등 복합적인 피해가 일어나는 현상이다.

둘째로 지진, 방사능, 태풍 등 여러 재난이 동시에 발생하여 인명피해는 물론 사회기반시설 붕괴 및 공공서비스 마비 등 복합적인 피해가 발생하는 현상이다.

이처럼 복합재난은 태풍, 홍수, 지진 등 자연재난의 영향과 복잡한 기술 시스템에 생기는 문제의 결합으로 인해 발생하는 복합적 재난을 의미한다.

또 다른 복합재난의 대표적인 사례는 2005년 미국 뉴올리언스를 강타한 허리케인 '카트리나'를 들 수 있다. 허리케인 카트리나는 5등급으로 홍수, 전염병, 폭동 등의 다양한 재난을 발생시켜 1,000억 달러 이상의 재산피해와 2,500여 명의 인명피해를 초래했다. 카트리나의 경우 허리케인의 강도도 강했지만, 해수면보다 낮은 지역의

∞ 울산의 아시아 최대 규모의 정유 · 화학산업단지 8

특성을 무시하고 방재보다는 개발에 중점을 둔 인재이기도 했다.

이와 같은 사례는 복합재난의 위험은 기존 재난의 위험을 초월하여 통제가 어려울 뿐만 아니라, 파급효과가 크다는 특징을 절실히 보여준다.

대한민국의 남동지역에는 다양한 위험요소가 분포되어 있기 때문에, 특히 복합재난의 취약성이 높다. 울산 인근 고리와 월성에는 우리나라 최대 원전 시설이 위치해 있으며, 해안지역에는 대규모 석유화학공장과 노후된 산업시설들이 분포되어 있다. 만약 이 지역에 동일본 대지진이나 허리케인 카트리나와 같은 대형 자연재난이 발생한다면 우리나라에서는 경험하지 못한 전대미문의 대형복합재난이 발생할 수도 있다. 이미 2016년 울산에서는 9월 규모 5.8의 경주지진과 시간당 120mm의 집중호우를 동반한 태풍 차바가 발생했기에 대형복합재난의 발생 가능성이 낮다고 낙관할 수도 없는 상황이다.

우리나라는 그동안 지진의 안전지대라고 여겨졌으나, 2016년 경주에서 규모 5.8의 지진을 경험하며 재난의 유형이 점차 다양화되고 있음을 절실히 느꼈다. 또한 산업 구조의 고도화로 인해 유해, 독성물질의 사용이 증가하여 산업사고 및 기술재난의 위험이 증가하고 있다. 이러한 흐름으로 볼 때 국내에서도 Natech* 재난 발생 가능성을 간과할 수 없고 사회적·정책적 관점에서 복합재난 관리의 필요성이 제기되고 있다.

이쯤에서 발생 가능성이 높을 것으로 예상되는 복합재난 시나리오를 살펴보자.

1. 복합재난 시나리오

2020년 여름, 봄부터 간간이 소나기가 내렸음에도 불구하고 점점 메말라가는 대지와 강물, 예년보다 늦어지는 장마 탓에 기다리는 단비 소식은 없고 때 이른 무더위에 뜨거운 햇살만 쏟아지고 있다. TV와 신문에서는 때 이른 무더위가 찾아와 폭염이 시작될 수 있으니, 긴 시간 야외활동과 산행 등을 줄이고 무더위 쉼터 이용과 여름철 대비 끓인 식수의 음용, 모기와 해충, 식중독 예방에 대한 방송이 한창이다.

정부는 여름철 냉방기 가동에 대한 전력비상사태가 생길 수 있으니 가정과 공공기관 등 사무실의 실내 온도 조절과 상가의 개문냉방 단속 등 에너지 절약 대책과 홍보에 열을 올리기 시작한다. 길어지는 가뭄에 5~6월부터 농업용수 부족을 호소하던 농민들은 비상 양수기 지원으로 겨우 논에 물을 대고 모심기를 끝냈지만 벌써부터 올

---

* 자연적 위해요소(Natural Hazards)로 인해 발생하는 산업사고 또는 기술재난을 의미한다.

해 추수를 걱정하는 목소리가 커져만 가고 있다.

하천에서는 드문드문 보이던 녹조가 이제는 하천 수면을 점점 녹색으로 물들여가고 바다에서는 적조 띠가 발생하여 양식장에 일생을 걸고 있는 어민들의 시름이 커져간다. 이른 무더위는 곧 폭염으로 변하고, 기다렸다는 듯이 식중독과 같은 수인성 질환, 온열 환자 발생이 증가하고 있다는 뉴스가 쏟아진다.

오존 경보가 곳곳에서 발령되고 피부질환자와 미세먼지 농도가 증가한다는 소식도 들려온다. 또한 양계장 등 축산농가에서는 가축들이 고온 스트레스에 시달리고, 그로 인한 우유와 달걀의 생산량 감소에 따라 당장 다음 주부터 가격이 오를 것이란 소식이 들려온다. 농작물 수확량 역시 상황이 어려워 결국엔 생산량 감소가 예측된다는 기사들이 경제·사회면을 장식한다.

TV에서는 올여름 에너지 절약 홍보 때문인지 절전형 냉방기기와 선풍기의 판매량이 예년에 비해 급증하고 있다는 전자제품 판매사원의 인터뷰가 나온다. 정부는 연일 전력 수급에 대한 심각성을 강조하며 에너지 절약에 전력을 기울이고 있지만 국민들은 당장의 폭염을 피하기 위해 냉방기기의 의존도를 높여갈 수밖에 없는 실정이다.

주말이 가까워지면서, 70대 노약자가 오전 밭일을 끝내고 휴식 시간에 막걸리 1병을 마신 뒤 일을 계속하다가 그만 쓰러져 폭염에 의한 첫 사망자가 발생했다는 비보가 있었으나 다행스럽게도 기다리던 비가 내릴 거라는 일기예보에 정부도 국민도 모두가 안도의 한숨을 내쉰다.

아침부터 전국 대부분에 비가 내리기 시작했다. 비 소식은 반가운 손님이라도 맞은 듯 가뭄과 무더위에 시달리던 농민과 국민들에겐 단비와도 같은 존재이다. 당분간 북상하는 장마 전선의 영향을 받을 것이란 예상도 함께이다. 장마가 오면서 비와 함께 모든 것이 해결되리라 모두가 믿었지만, 예년에 비해 장마철이라 부르기도 민망할 정도의 강수량으로 메말라 있는 토지와 하천, 저수지들을 충분히 적셔 주기엔 턱없이 부족할 뿐이다. 이를 두고 기상캐스터는 '마른장마'*라는 표현을 써가며 이후에 다시 찾아올 폭염에 대비하란 말을 강조하고 있다. '마른장마'는 갈증을 해소해주지 못하고 습도만 올라가면서 국민들이 느끼는 '불쾌지수'만 증가하게 되었다.

장마 전선의 소강상태가 길어진다 싶더니 '마른장마'가 끝나고 그 사이 움츠러든 것처럼 보이던 폭염이 이제부터 다시 시작된다는 기상캐스터의 안내는 분명 모두에게 짜증나고 곤혹스러운 상황이다.

'마른장마'라고는 하나 다소의 강우가 있었던 뒤라 도심지는 고온다습한 상황이 지속되고 불쾌지수가 기록을 경신할 만큼 높아짐에 따라 온열 환자 및 사망자가 폭증한다. 비가 온 뒤라 안심하고 있던 사회적 분위기에서 폭염에 취약할 수밖에 없는 도심 내 노숙자, 독거노인 및 노약자의 사망 소식은 더욱 충격으로 빠뜨린다.

농촌지역에서도 이른 무더위와 폭염 경고에 일손을 쉬었던 터라 더 이상 미룰 수 없는 상황, 어쩔 수 없이 일을 시작했다가 폭염의 희생자가 되고 만다. 또한 밤마다 이어지는 열대야로 불면증 환자들이 증가하고, 지속되는 고온과 함께 불쾌지수도 극에 달해 여름철 행락가 및 야간시간의 번화가, 도심 공원 일대에서는 폭력 사고, 우발적 범죄를 포함한 갖가지 사건·사고가 끊이지 않고 있어 경찰과 소방대원의 고충은 이루 말할 수 없는 상황이다.

---

* 마른장마는 시기적으로는 장마철인데 비가 없거나 비가 적은 날씨를 뜻한다. 장마 전선이 평년에 비해 우리나라에 접근하지 않거나 활동이 약해질 때 또는 우리나라가 북태평양고기압이나 중위도고압대에 완전히 덮였을 때 많이 나타난다.

특히, 지속적 폭염은 체감온도 40℃를 상회하고 이런 상황에서 화재 현장에서 진압하던 소방대원의 탈진과 사망사고가 빈번해지면서 대책 마련의 목소리가 높아만 진다.

뇌염모기와 해충, 벌 떼 출현의 증가, 음식점과 아이스크림에서 대장균 및 세균 과다 검출, 어패류로부터 비브리오 패혈증균 검출 등은 수인성전염병과 감염성 질환자 속출로 이어지고, 더 이상 안전지대가 존재할까 싶을 정도로 국민에게 심각한 위협을 주고 있다.

하천은 온통 '녹조 라떼'로 불릴 만큼 조류 번식이 왕성해져 댐에서는 하천 수질개선을 위한 용수를 방류할 수밖에 없는 상황에 부닥치게 된다. 이는 가뜩이나 가뭄으로 부족한 용수공급 문제와 맞물려 상류와 하류 지역 지방자치단체 간의 갈등 원인이 되고 지역 간 '물 분쟁'으로 인한 갈등 관계는 커져만 간다. 또한 서·남해에 급격히 증가하는 적조 때문에 양식어류 및 김, 조개 등의 어패류 수산자원의 생산에 치명적 타격을 준다.

이어지는 가뭄에 폭염으로 인한 수온 상승은 수원의 수질 악화를 초래하고 수돗물 악취 발생과 농업·생활·공업용수는 물론이고 식수 공급에도 크나큰 차질을 유발하여 지역적 제한 급수 상황을 고려할 만큼 위험지수는 높아만 간다. 화력발전소 등의 냉각수 공급에도 문제가 발생한다. 전력 소비량은 연일 최대치를 기록하고 그에 따른 비상 발전체제 가동은 발전설비에 과부하를 불러일으켜 정부의 에너지 절약 호소에도 불구하고 순환 정전을 떠올릴 수 있을 만큼 전력 위기는 더욱 고조되어 간다.

'폭염 지옥'이란 표현이 모든 미디어의 헤드라인을 장식한다. 집계되고 있는 온열 질환자 수와 사망자 수는 역대 최대치를 넘었다. 그야말로 지옥이라 불릴만하다. '아프리카가 무색한 한반도'이다. 온열 질환자뿐 아니라 주로 아열대 기후 지역에서 유행하던 콜레라, 말라리아 등과 뎅기열, 치쿤구니야열병 환자가 급증함에도 국민들의 질병에 대한 이해가 부족하고 병원에서는 약품 보급에 어려움을 겪는 등 이중고를 겪고 있다.

폭염엔 '피'도 마른다. 특히, 세균성 질환과 면역력 저하가 전국에 확산함은 물론이고 군 장병들의 질병 발생률 증가는 일반인들의 야외활동 감소와 맞물려 헌혈인구의 급격한 감소로 이어지고 혈액 보유량이 최근 20년 이래 최저수준으로 떨어지면서 혈액 수급에 큰 차질이 발생하게 된다. 의료기관에서의 혈액 수급 대란에 대한 대비책 마련에 골머리를 앓고 있지만 마땅한 대책이 없는 것이 더욱 큰 문제이다.

소리 없는 살인마로 불리는 폭염은 '진짜 살인'을 부른다. 무더위가 열사병 등으로 온열 환자 사망 외에도 우발적 살인 사건의 증가에 크게 영향을 미쳐 지난해 같은 기간 대비 2배 이상 폭증함으로써 치안에 심각한 문제가 발생한다.

농어업, 임업, 축산업 등의 1차 산업에서는 피해 규모 추정이 어려울 정도로 커지고 있으며 이로 인한 식자재 원가 폭등과 축산농가의 대체 사료 가격의 폭등, 서민 물가 상승을 불러일으켜 내수경기 불안과 경기침체가 장기화할 조짐이다.

새로운 '물 분쟁'은 지역 간에 갈등을 심화시킨다. 하천에서는 녹조가 전국에 확산되고 이를 해소하기 위하여 하류 지역에서는 하천 유속과 수량 개선을 위해 보와 댐에서의 방류를 요구하지만, 상류 지역의 수자원 용수공급 문제와 맞물려 지역 간 물 분쟁이 전국으로 확대된다. 녹조 해소를 위해 방류를 한다 하더라도 수자원으로 이용할 기회를 잃어버리게 됨으로써 이는 국가적 손실일 수밖에 없다. 또한 녹조의 확산은 용수 재이용을 위한 처리비용의 증가를 유발한다.

도심은 온통 '교통지옥'이다. 곳곳에서는 마치 시한폭탄이라도 설치된 듯 시내버스의 타이어가 폭발하고 이는 대형 교통사고로 이어진다. 인명피해는 물론이고 국민들의 불안감과 불신은 극에 달해 대중교통보다는 자가용 이용이 급증함으로써 명절을 방불케 할 정도로 전국적 차량정체가 가속된다. 기차선로 역시 고온에 의해 변형되면서 경부선과 호남선 등의 고속 KTX의 운행중단 결정과 도심지의 경전철 운행 차질도 마비 상황을 더욱 악화시킨다. 항공기는 대기 온도 상승으로 인한 활주 거리의 증가로 운항에 심각한 차질을 빚고 급기야 고온에 의한 운행중단에 이르면서 총체적 '교통지옥'을 불러온다.

'찜통 지옥', 폭염과 가뭄의 영향으로 전국의 발전소에서는 냉각수 부족과 수온 상승 때문에 가동을 중지하거나 과부하에 의한 고장으로 순환 정전 사태가 일어나고, 냉방기기에 의한 폭염 대비책의 의존도가 높은 현 시점에서 주거환경이 열악한 독거노인, 저소득층 밀집 지역 등 취약계층의 피해가 더욱 급증하게 되는데, 정전에 대비한 무더위 쉼터가 거의 없어 무용지물에 빠지게 된다. 또한 초고층빌딩과 초고층아파트에 거주하는 국민들로부터 도움을 요청하는 119 신고가 빗발친다.

정전으로 인한 고립으로 식수도 부족하고 하수처리도 되지 않는 상황에서 냉방기기마저 무용지물이 되어 내부 열기로 인한 찜통 같은 더위를 겪고 있기 때문이다. 더 큰 문제는 이를 해결할 수 있는 마땅한 방법이 없다는 것이다. 이 모든 것을 해결하는 방법은 믿어 왔던 최첨단 과학과 기술도 아닌 하늘에 달려 있다는 현실이 우리를 더욱 망연자실하게 만든다. 우리가 할 수 있는 것은 고작 자연에 적응하고 살아갈 방법을 찾는 것뿐일지도 모르겠다.

2. 폭염 지옥, 그 가능성과 위험

폭염은 전 세계적 기후변화 진행에 따른 가장 큰 피해 발생이 우려되는 기상재난 중 하나이다. 2003년과 2006년 유럽에서 이례적인 폭염이 발생하였고, 2010년 러시아에서는 유럽 사례보다 더 넓은 지역에 지속되는 등 세계 곳곳에서 이상 고온에 의한 피해가 빈발하고 있다.

우리나라 역시 매년 폭염에 의한 피해가 발생하고 있으며, 2016년과 2018년의 폭염은 유례없는 피해를 가져오기도 하였다. 기후변화에 따라 2050년까지 폭염의 발생빈도가 2~6배 증가할 것으로 예측되는 가운데 피해를 최소화할 대비책이 절실해 보인다.

폭염에 대해 세계적으로 표준화된 정의는 없으나 일반적으로 기온이 어느 임계 기온(Threshold Temperature)을 넘는 한정된 기간을 의미(Robinson, 2000)한다. 우리나라의 경우 기상청 폭염특보 기준을 통해 일반적으로 '33℃ 이상의 최고기온이 이틀 이상 연속되는 현상'을 폭염이라 정의하고 있다.

최근 폭염 패턴의 변화로 폭염의 위험이 증가하고 있다. 장마 후 7월 하순부터 전국적인 폭염이 시작되어 8월 초순 연중 최고기온을 기록하고 8월 중순까지 지속되고 있다.

2012년의 경우 6월 18일(남부)부터 장마가 시작되어 전국적으로 292.6mm 장맛비(평년 대비 82%)를 내린 후 7월 17일에 종료되고 7월 하순부터 폭염이 시작되어 전국적으로 14.4일간 지속되기도 하였다.

최근 두드러지는 이른 폭염과 마른장마의 비정상적인 패턴을 보면 장마철 무(無)강수일의 지속과 함께 일조량 증가로 7월 중순부터 전국적으로 이른 폭염이 시작되고 8월 중순까지 기온상승과 함께 강수량 부족으로 인한 가뭄이 발달하고 있다.

1994년의 경우 6월 22일부터 장마가 시작되어 7월 16일에 종료되었으나, 전국적으로 장마 강수량이 130.4mm(평년 대비 36.6%)에 그쳤다. 7월 중순부터 전국적으로 폭염이 30일 동안 지속되면서 마른장마로 인한 심한 가뭄이 발달하였다.

장마 강수량이 부족할수록 그해 폭염 강도가 극심해지는 현상이 있다. 과거 매년 여름의 장마 강수량과 그해 여름 폭염일수 및 폭염 강도의 관계를 분석해 보면, 장마 강수량이 부족할수록 그해 여름 폭염일수가 증가함과 동시에 폭염 강도가 강해지는 경향이 존재한다.

현재까지 마른장마와 함께 전국적인 폭염이 7월 중순부터 시작되어 8월 중순 이후까지 이어진 사례는 찾아볼 수 없었다. 하지만 1994년의 경우 8월 10~11일 13호 태풍 '더그'와 8월 15~17일 14호 태풍 '엘리'의 연속적인 영향이 없었다면, 마른장마와 함께 시작된 폭염은 8월 중순 이후까지 연속되어 전국적으로 폭염이 일주일 이상 더 지속되었을 것으로 추정해 볼 수 있다. 기후변화에 따라 장마전선의 활동이 점점 더 불규칙해지고 있으며, 폭염 발생 역시 더 빈번해질 것으로 예상됨에 따라 이른 폭염과 마른장마 그리고 다시 시작되는 한여름 폭염의 최악 시나리오의 상정과 준비는 반드시 필요하다고 볼 수 있다.

3. 한파, 왜 미래재난인가?

최근 과학계는 기후변화, 즉 온난화에도 불구하고 기록적인 한파가 발생할 가능성이 더 커지고 있음을 경고하고 있다.

북극의 기온 상승에 따라 겨울철 해빙이 줄어들면, 북극 해양의 에너지가 대기로 빠져나와 한기를 가두고 있는 대기순환(제트기류)을 중위도 지역으로 보내게 되기 때문이다.

이미 우리는 이로 인한 이례적인 한파를 경험한 적이 있다. 2011년 1월 서울의 기온은 단 이틀에 걸쳐 영상을 기록하였을 뿐, 거의 한 달 내내 영하권에 머물렀다. 영상의 기온을 기록한 시간을 모두 더하면 44분에 불과하다. 일부 언론에서는 이를 두고 '29한 2온'이란 단어를 통해 전통적인 삼한사온 패턴이 깨졌음을 상징적으로 표현한 바 있다.

반면, 우리가 비교적 따뜻한 겨울을 보낸 2014년 1월에는 북극 한기가 반대편 북미대륙으로 깊숙이 남하하였으며, 그 결과 미국은 미국 허리케인 샌디 이후 최악의 자연재난을 겪었다.

한파가 우려되는 것은 단지 그 발생 가능성이 커지고 있다는 것뿐만 아니라, 우리 사회가 점점 한파에 취약해지는 구조로 변하고 있다는 점이다. 통계청의 사망 원인통계 중 겨울 동안(12월~2월) 자연 한랭에 노출되어 저체온증으로 사망하는 사례는 연평균 130여 명에 달한다. 여름 동안(6~8월) 자연 고온에 노출되어 열사병·일사병으로 사망하는 사례가 연평균 20여 명임을 감안하면 약 5.5배나 많은 수치이다.

급작스러운 한파가 오면 체온조절 기능이 약한 노인이 가장 먼저 피해를 입는다. 급격히 진행되고 있는 고령화와 늘어나고 있는 독거 노인 수를 고려하면 한파의 자연적 영향을 고려하지 않더라도 그 피해가 증가할 것임을 쉽게 예상할 수 있다.

실제로 2011년 1월 영하 10℃ 이하의 추위가 지속되면서 전라남도 보성군, 신안군에서 노인 3명이 잇달아 저체온증으로 사망한 바 있다. 농촌지역에서 주로 혼자 사는 노인들인 데다 한파로 주민들마저 왕래를 끊은 탓에 아무도 발견하지 못한 채 쓸쓸한 죽음을 맞이한 것이다.

한파의 직접적인 영향인 저체온증 사망뿐만 아니라 겨울 동안 빈번히 발생하는 심뇌혈관계 질환 및 낙상 등 안전사고까지 고려한다면 이례적인 한파 시 발생할 수 있는 인명피해의 규모는 우리의 상상 이상일 것이다.

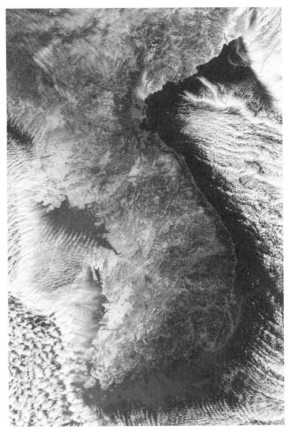

◁ 2020~2021년 한반도 한파 및 폭설 사태 9

한파는 좀 더 따뜻한 환경에 적응하고 있는 우리 사회에 큰 타격을 입힐 수 있다. 비교적 온난한 기후에서 자라는 복숭아, 포도 등의 과수 재배 지역의 북상이 가장 대표적인 예이다. 복숭아는 전국적인 재배면적 증가와 함께 주산지가 경북에서 충북으로 북상하고 있으며 이러한 때에 동해(凍害)온도(−15∼−20℃)에 가까운 한파가 발생한다면 막대한 피해를 입을 수밖에 없는 상황에 놓여 있다.

한파에 동반되는 대설의 경우도 더 취약한 지역에서 피해를 발생시키고 있다. 2014년 1월 평소 눈이 드문 영남지역에 이례적으로 대설이 발생하였으며, 그 결과 경주 마우나 리조트 붕괴로 10명 사망, 울산 공장 지붕 붕괴로 2명 사망 등 심각한 피해를 일으킨 바 있다.

4. 지구온난화가 불러온 극한 한파와 기습대설

과거 한반도 기온 상승 경향은 여름보다 겨울에 더 뚜렷하게 나타났다. 1960∼2012년 전국 기온상승 폭은 여름에 +0.09℃/10년인 데 비해 겨울은 +0.32℃/10년이다. 하지만 최근 겨울 기온 경향이 상승에서 하강으로 전환되었다. 1960∼1999년 기온 경향은 +0.50℃/ 10년이었으나 2000∼2012년에는 −0.85℃/10년으로 바뀐 것이다.10 겨울 냉각 현상은 한반도뿐만 아니라 북반구 중위도 전역에서 나타나고 있다.

이러한 현상은 북극의 기후변화(북극해빙 감소 등)로부터 시작되는 것으로 온난화로 인한 북극해빙 감소는 북극해의 열에너지를 대기로 방출시켜 북극 한기를 가둬두는 제트기류를 남북으로 요동치게 한다. 즉, 북극 한기가 중위도로 깊숙이 침투할 수 있는 환경을 제공하는 것이다.

그 결과 동아시아를 포함한 북반구 중위도 지역에서는 한파와 대설 빈도가 증가하여 다양한 사회·경제적 손실이 발생하고 있다.

우리나라 또한 최근 한파가 증가하고, 영남지역에 대설이 발생하는 등 큰 피해가 잇따랐다.

한파는 그 피해 규모에 비해 상대적으로 주목받지 못한 자연적 위험요인 중 하나이다. 반대 현상인 폭염의 경우, 지구온난화와 관련되어 주요한 이슈로 떠오르면서 발생 경향, 피해 규모, 대응방안 등 다각적인 연구가 진행된 바 있으며 실제로 대응체계 또한 향상되고 있다. 하지만 한파의 경우 아직까지 정보의 사각지대가 존재한다는 것이 전문가들의 지배적인 의견이다.

가장 주요한 한파 피해로는 저체온증으로 인한 사망이 있다. 통계청의 전국 사망자에 대한 사망 원인 중 자연 한랭에 노출되어 저체

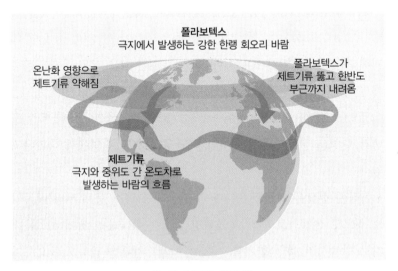

○← 한파 발생 원인 11

온증으로 사망한 사례들을 보면 연평균 겨울 동안 130여 명이 사망한 것으로 나타났다. 이는 일반적인 자연재난(태풍, 호우, 강풍)으로 인한 연평균 사망자 수의 약 1.8배, 폭염(열사병)에 의한 연평균 사망자보다 약 5.5배 높으며 대표적인 안전사고인 물놀이 사망자 수(150여 명)와 비슷한 수치이다.

이러한 피해 규모에도 불구하고 겨울 저체온증 사망 피해가 충분한 관심을 받지 못했던 이유는 그 원인을 노숙인, 음주 등 개인적인 문제로 간주하여 왔기 때문이다. 하지만 신고된 한랭질환자들 중 노숙인은 12%에 불과하며, 또한 24%는 실외가 아닌 실내에서 발생하였고, 음주 여부가 확인되는 질환자 중 36%가 음주를 하지 않은 것으로 나타났다. 즉, 한파 피해는 단순한 노숙인, 개인 음주 관련 문제뿐만 아니라 다양한 사회 · 환경적 여건의 복합적 현상임을 보여준다.

최근 한파 피해는 도시 지역의 노숙인, 음주 등 개인적 문제뿐만 아니라, 사회 · 환경적으로 취약한 지역에서 지속적으로 피해가 발생하고 있다. 이는 곧 우리 사회가 지역 맞춤형, 계층 맞춤형으로 대책 및 비상계획을 마련한다면, 가까운 미래에 이례적인 한파가 발생하더라도 그 피해를 상당히 저감시킬 수 있는 여지가 있음을 의미한다.

앞서 복합재난의 사례와 같이 미래의 재난은 예상을 뛰어넘는 대규모 재해로 발생할 수 있고, 그 피해는 장기적으로 나타날 것이다. 이러한 복합재난 사례를 바탕으로 미래 복합재난 시나리오를 작성하기 위해서는 국내 · 외 과거 대형재난 사례에 대한 연구가 필요하다. 그리고 수집할 수 있는 모든 정보로부터 빅데이터 분석을 시도해 재난 사이의 인과관계를 파악한다면 더 개연성 있는 미래 재난 시나리오를 작성할 수 있을 것이다.

04
미래형 재난

미래사회의 불확실성과 복잡성이 증가하고 그에 따른 재난환경의 변화가 심해지면서 미래 재난의 형태 또한 다양해질 수밖에 없을 것이다. 이러한 다양한 미래재난에 대비하기 위하여 사전에 예측하고 대응할 수 있는 전략을 수립해야 하며, 이는 국가가 국민의 안전을 책임져야 할 임무 수행에 없어서는 안 될 핵심적인 기능이다.

인구의 고령화, 기후변화의 심화 및 적응 실패, 자원 · 에너지의 고갈, 정치 · 경제적 전략에 따른 국제 정세 변화, 글로벌화 등 재난을 둘러싼 거시환경, 즉 정치, 경제, 사회, 기술, 환경 분야의 다양한 메가트렌드들은 재난에 직 · 간접적 영향을 주면서 변화를 초래한다.

2019년 12월 중국 후베이성 우한시에서 처음 확인된 SARS-CoV-2의 감염증인 코로나바이러스감염증-19로 인해 2023년 2월 기준 전 세계적으로 6억 7,000만 명이 넘는 확진자가 발생하였고

677만 명이 넘는 확진자가 사망하였다. 이는 현재까지도 진행 중이다. 우리나라에서도 같은 기준으로 3,000만 명이 넘는 확진자와 3만 명이 넘는 사망자가 발생하였다.

COVID-19에 대응하기 위해 전 세계적으로 신속히 백신을 개발하여 접종하고, 항체 유효기간을 고려하여 삼차까지 접종하였으나, 각종 변이 바이러스는 지금도 새롭게 발견되고 있는 상황이다.

미래에는 사회·환경적 변화 등의 영향으로 이전까지 경험하지 못했던 새로운 형태의 재난과 이미 발생한 재난이라 하더라도 이들이 서로 결합하여 복합 형태로 발생할 수 있기 때문에 예측하기 힘들고 매우 불확실하다.

이를 대비하기 위한 미래 예측 연구는 체계적인 미래의 변화 모습을 제시하고 그에 따른 사회 구성원들 간의 합의를 통한 대응 전략을 마련하게 함으로써 불확실성에서 오는 사회적 기회비용을 최소화하는 데 기여할 것이다.

1. 디지털 재난(인터넷 일상화와 위험사회의 도래)

정보화 추진과정에서 보안 문제는 정보시스템 증가와 비례하여 그 중요성이 확대되어 가고, 양자는 트레이드오프(Trade-off) 관계를 형성하고 있다. 정보화 발전의 두 가지 요소는 정보공유와 정보보호인데, 정보공유는 정보의 활성화를 위한 핵심 수단이며 정보보호는 정보화의 안정적 추진과 유지의 한 축을 이루고 있다.

정보화를 촉진하기 위해 정보공유를 강조하면 개인정보가 오남용될 가능성이 커지고, 반대로 정보보호가 강조되면 정보공유가 어려워져 정보화 시스템 설치가 지연될 가능성이 크다. 정보공유와 정보보호 사이의 균형점을 찾는 것이 정보화 정책의 핵심 이슈로 등장하고 있다.

정보화가 보이지 않는 수단(응용 SW 개발과 설치, 네트워크 연결, 사이버 인증 등)에 의해 이루어진다는 특징 때문에 그 추진과정에서 많은 어려움을 겪어온 것과 마찬가지로, 사이버보안도 보호 대상과 침입행위가 보이지 않기 때문에 사태 파악과 대응책 마련이 매우 어렵게 전개될 수밖에 없다.

사이버보안은 실현되지 않은 사고에 대한 대응 준비인데, 정보화 초기에는 공격 방법과 내용이 원시적 수준이었으며 사고를 인식할 능력이 부족하고 현상 파악이 어려워서 그 위험성과 중요성에 대한 자각과 관심이 많지 않았다. 재난도 미실현 사고이긴 하지만 명백하게 보이는 사태에 대한 경험과 기억으로 대책 마련이 상대적으로 용이하나 사이버보안은 보이지 않는 사고의 특성으로 인하여 대비책이 재난 사고와 근본적으로 다를 수밖에 없다. 따라서, 우리는 경험을 통해 인지된 사이버 사고의 규모를 항상 기억하고 축적하여 대책을 마련하는 엔진으로 삼아야 한다.

정보화 정책의 3가지 축은 기술, 제도, 인식으로서 사이버보안 정책도 이 축을 중심으로 수립되고 시행될 것으로 보인다. 정보화 정책의 3요소에서 정보화 추진과정의 핵심 엔진은 관련 기술의 개발과 응용이고, 여기에 기술 시행을 위한 제도(법, 조직 등) 정비 그리고 응용시스템의 이용을 활성화하기 위한 이용자의 인식 제고 등을 통해서 발전하였다.

기술 발전과 응용시스템이 구축되면 이를 위한 법과 제도는 대체로 사전에 정비되거나 뒤따라 준비되며, 준비과정에서 실질적인 환경 마찰 등으로 약간의 시차는 존재한다. 그러나 이용자의 인식(시스템의 존재 파악, 훈련, 적응 과정 등)은 가장 늦게 교정되는 것이 일반적인 현상이다.

특정한 업무를 처리하기 위해 관련 정보시스템 개발이 기술적으로 불가능한 경우는 거의 없으며, 제도적 정비는 정보시스템 설치와 함께 혹은 조금 뒤따라 이루어지는 반면, 인식은 일하는 습관과 사회 환경 및 문화의 변화가 동반되어야 하는 요소로서 가장 늦게 변화되는 특징을 갖고 있다.

사이버보안 정책도 정보화 정책 과정과 같은 과정을 거칠 것으로 보인다.

알려진 형태의 사이버 공격에 대한 대응 기술은 다양하게 제공되고, 알려지지 않은 잠재적인 공격에 대해서는 적어도 기술적인 관점에서 공격 개시와 함께 거의 실시간으로 백신 등의 대응 방법이 제공될 수 있을 정도로 발전하고 있다. 사이버보안 기술을 적용하기 위한 법과 조직 등 제도적인 환경은 기술보다는 조금 늦게 마련되는 경향을 보이지만 정보화 발전에 상응하는 사이버보안 기술의 발전은 체계적으로 이루어지고 있는 것으로 평가된다.

사이버 공간은 정보시스템의 비약적인 발전과 더불어 정보기기와 컴퓨터 그리고 인터넷 등의 네트워크로 연결된 가상의 공간으로 이미 국민생활의 보편적인 영역으로 자리매김하였고 국경을 초월하여 범지구적이면서 정부와 민간부분이 상호 밀접히 연계되어 있다.

시시각각 눈부시게 발전하는 정보통신기술의 영향력은 이미 산업기술 및 경제 분야를 넘어 일상생활의 전 영역에 급속히 확산되고 있다.

네트워크를 통한 일상생활의 의존도가 높아지면서, 네트워크를 이용한 네트워크 공격은 심각한 국가 재난을 야기할 수밖에 없다. 그러나 문제는 분산 네트워크 기반의 인터넷망을 중앙집중식으로 방어할 수 없다는 데 있다. 그리고 동시에 핵심 국가 주요 사이트 공격에 대해서는 법 제도적 기반 아래의 대응 매뉴얼 등을 통해 제도적으로 관리하지 않고서는 그 결과를 예측할 수 없는 상태에 이르렀다.

현대사회가 정보화, 네트워크화, 포스트포디즘, 포스트모더니즘 등 질적 변화로 진보함과 동시에 부작용 및 역기능을 동반하는 위험사회로 수렴될 가능성이 커지고 있다.

현대사회에 접어들면서 인간이 직접 경험할 수 있는 차원을 넘어서 생산되는 이차적, 비자연적, 인위적 불확실성과 구조화된 위험들, 즉 통제할 수 없는 위험이 등장하였다.

이와 같은 위험구조는 더욱 다양화되고 또한 일상화되고 있으며 발생에 따른 재난 유형은 복합적이고 돌발적 성향을 띠게 되었다.

위험사회로의 전이는 과학 및 정보기술 발전으로 인하여 디지털위험사회(Digital Risk Society) 또는 정보위험사회(Information Risk Society)로 그 논의가 발전되고 있다. 고도화된 디지털 기술과 신기술의 잠재적 보안 취약성과 개인정보보호 침해 가능성 때문에 정보사회는 다양한 잠재적 위험을 내포하고 있는 사회이다.

디지털위험 사회의 진전은 네트워크와 정보기술 발달의 복잡도 및 인류사회의 정보기술에의 의존성과 결합도 심화에 기인하고 있다. 기술 발달에 의한 복잡도 증가는 IT 자체의 복잡도와 IT 환경의 복잡도 증가로 구분된다.

IT 복잡도는 기반 기술의 알고리즘, 미디어 컨버전스 및 디바이스 통합 등으로 인한 복잡도 증가를 들 수 있으며, IT 환경의 복잡도는 노드의 증가 및 네트워크 경계의 불투명성 증가 등을 들 수 있다.

특히, 다양한 개인 모바일기기들이 IP 네트워크에 결합하면 그 복잡도의 증가폭이 엄청나게 커질 것으로 예측된다. 이러한 노드 증가의 위험성은 인터넷의 구조를 잘 알고 있는 누군가가 중요한 노드 1%만 공격해도 전체 인터넷 기능의 절반이 마비되고 4% 정도를 공격하면 인터넷은 연결이 완전히 끊긴 조각으로 파편화될 것으로 분석되고 있다.

디지털 위험사회는 이제 가능성이 아닌 우리 앞에 현실화되고 있는 사회의 모습으로 이해되어야 하고, 위험사회에 대한 대응은 새로운 판(패러다임)에서 준비되어야 할 것이다. 디지털 위험사회가 갖는 통제할 수 없는 위험, 예측 불가능한 위험의 특성으로 인하여 사고가 발생한 이후에야 뒤늦게 종합대책을 마련하는 등의 수세적 방식으로는 대비에 한계가 있을 수밖에 없다.

피해에 대한 막연한 예측보다는 정확하고 현실감 있는 예측을 통해 보안 사고에 대한 긴장감과 위기의식을 조성하는 등의 방법으로 디지털 시대의 위험에 대비해야 할 것이다.

∝ 디지털 블랙아웃 12

2. 우주전파 재난(대기권 밖 전파에너지의 변화)

전 세계적으로 우주개발이 본격화되고 있는 상황에서 우리나라도 우주 환경에 대한 실시간 관측이 불가피하며, 특히 우주전파 재난 발생 시 적극 대처를 위한 최소한의 체계적 투자가 필요한 상황이다.

우주전파 재난은 그 발생빈도가 낮아 간과되기 쉽지만 전 세계적으로 감염병과 같은 고위험군으로 분류되고 있으며, ICT 기기의 확산 및 사물 인터넷 시대의 도래에 따라 그 위험의 정도와 범위는 지속 확대될 전망이다.

2015년 영국 Cabinet Office에서 발간한 《2015년 국가위기백서》에서는 태양 활동에 의한 심각한 우주환경재난을 화산폭발, 산불·가뭄 및 태풍보다 상대적 위협 정도가 높고 향후 5년간 발생할 확률이 높은 재난으로 분류하고 있다. 따라서 태양 활동에 대한 실시간 감시 및 예보 시스템 등의 구축을 위한 관측시설 투자는 국가 차원의 대응이 요구되는 분야이며, 특히 우주전파 환경은 여러 이유로

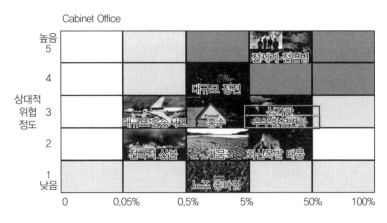

ⓒ 국가위기 백서(영국 Cabinet Office) 13

실시간 관측·예보가 어려워 다양하고 첨단의 관측시설 투자가 필요하다. 또한 우주전파재난에 따른 피해는 전 세계적으로 광범위하게 나타나기 때문에 관련 국가와 협력을 위한 시설 투자 또한 우선해야 할 영역에 해당한다고 볼 수 있다.

우주전파환경 관측을 역사적으로 살펴보면 우리나라는 서기 1000~1799년 동안 788회의 오로라를 관측하였다고 조선왕조실록 등에 실려 있으며, 특히 1000~1391년 동안에는 우주환경 유효 관측기록이 230여 회로 기록되어 있다. 국립전파연구원에서는 1973년부터 지자기, 전리층, 태양 활동 등 관측시설을 운영하고 있으며, 2011년 제주에 '우주전파센터'를 개소하여 ACE 위성 수신, 태양풍, 태양전파 노이즈, 전리층, 지자기 및 기타 관측시스템을 구축·운영하고 있다.

우주공간의 물리적 환경변화에 기인하는 우주전파재난은 자연 재난이자 복합재난으로서의 특징을 갖는다. 우주전파재난은 전자파로 인한 유해한 영향의 범주에 속한다. 그러한 영향을 주는 전자파 발생 원인에는 인위적 원인과 자연적 원인이 있다.

1) 자연적인 전자파 노이즈

전자파 노이즈에는 전기·전자장치나 송전선에서 발생하는 인공적인 전자파만 있는 것이 아니라 자연 발생적인 전자파 노이즈가 있다. 예로 지자기, 우주전파, 태양전파, 낙뢰 등이 있다.

자화되지 않는 철 바늘을 실에 매달고 자유롭게 회전할 수 있도록 하면 어느 특정 방향을 향하여 정지하는데, 이 방향이 바로 그 지점에서의 지구자기장의 방향이다. 지구자기장을 지리좌표계에서 나타내기 위해서는 지구자기장의 크기인 총자기 F, 지구자기장의 수평

성분 H, H와 진북 사이의 각인 변각 D, 그리고 H와 F 사이의 각인 복각 I가 필요하며, 이들을 지자기의 3요소라고 한다.

태양 플레어가 폭발하는 순간 방출되는 물질은 1,000만 ℃까지 가열되며, 이처럼 높은 온도에서는 엄청나게 많은 X-ray와 자외선 복사가 방출된다. 태양 플레어 현상이 새삼 중요하게 떠오르고 있는 것은 바로 이 X-ray와 자외선 같은 고에너지 입자가 지구에 엄청난 영향을 미치기 때문이다. 이들 고에너지 입자는 우주공간에 떠 있는 인공위성의 태양전지판이나 핵심 부품을 그대로 통과해 아예 못쓰게 만들어버린다.

문제는 여기서 그치지 않는다. 플레어 현상은 코로나 질량 방출(CME : Corona Mass Ejection)을 동반하고, 이는 커다란 자석인 지구에 일대 혼란을 일으킨다. 즉, 태양으로부터 온 전자가 유입되면서 자력이 강해지고 지구 내부를 향하는 자력선이 통과하는 지점에서는 나침반의 바늘이 북이 아닌 엉뚱한 방향을 가리키는 사태가 발생하는 것이다.

2) 자연적인 전자파 노이즈의 종류

수세기에 걸쳐 지자기의 요소들을 광범위하게 측정한 결과, 이들 값은 같은 장소에서도 시간에 따라 변화하고 있음이 밝혀졌다. 이러한 지구자기장의 변화에는 일변화, 영년변화 및 자기폭풍이 있으며, 특히 자기폭풍은 전파통신에 큰 영향을 끼친다. 한 지점에서 지구자기장을 계속 측정, 고찰하여 보면, 약 24시간을 주기로 변화하는 것을 알 수 있다.

지자기의 일변화를 일으키는 외적 원인은 태양과 달의 영향이다. 상부 대기권이 태양에서 오는 자외선, X선, 전자 등의 플라스마

(Plasma)에 의하여 이온화(Ionization)되고, 그 결과 대기권 내에 전류가 생성되어 전자장이 유도되며, 이것이 지구자기장에 중첩되어 지자기의 변화가 발생한다. 변화량은 태양에서 오는 플라스마의 양이나 속도에 좌우된다. 달의 영향은 달의 인력(Tidal Force)이 이온화된 상부 대기권의 이동에 영향을 끼침으로써 나타나는데, 주기는 약 25시간이고, 변화량은 태양에 의한 것보다 아주 작다.

3) 자연적인 전자파 노이즈의 영향

자연적인 전자파 노이즈로 인해 재난 발생의 영향을 줄 수 있는 요소를 몇 가지 살펴보도록 하자. 우선 첫 번째로, 전력망 장애이다. 오로라가 발생되는 곳에서는 정전이 일어날 가능성이 크다. 오로라에는 강한 전류가 흐르는데, 이것이 지상의 송전시스템 전류에 변화를 가하면 결국은 전기가 끊어지는 정전 사태가 발생한다.

1989년 3월 캐나다 몬트리올과 퀘벡 지역이 난데없이 정전되어 도시 기능이 마비되었다. 9시간 동안 이어진 이 정전 사고의 범인은 뜻밖에도 태양으로 밝혀졌다. 1989년은 천문학사에 기록될 정도로 태양의 활동이 활발했다. 태양흑점의 수가 절정을 이루었고, 태양 표면의 폭발 활동도 극에 달했다. 태양으로부터 쏟아져 나온 에너지는 우주공간으로 퍼져나갔고, 지구에도 도달했다. 거대한 자석 덩어리인 지구는 몰려드는 전자와 양성자를 끌어들임으로써 자신의 자력을 더욱 강화했다.

문제는 평소보다 강해진 지구의 자력 때문에 발생했다. 지구의 자기장이 강해지자 자기장에서 발생하는 유도전류가 평소보다 높아졌고 결국 땅 깊은 곳에 매설된 고압선에 영향을 미친 것이다. 유도전류에 의해 순간적으로 용량을 초과한 전압이 걸리자 고압선들은 이를 견디지 못하고 급기야 합선을 일으켰다. 이는 태양의 활동으로 지구의 자기장이 교란된 데 따른 현상으로, 태양의 활동이 지구에 절대적인 영향을 끼친다는 사실을 입증한 단적인 예이다.

두 번째, 영향을 줄 수 있는 것은 통신장애이다. 자기폭풍에 의해 전리층의 F층 전자밀도가 교란이 일어나게 되는데, 이것을 전리층 폭풍(Ionosphere Storm)이라 한다. 많은 통신망은 장거리 교신을 위해 전리층에서 전파의 반사를 이용하게 되는데, 이러한 전리층 폭풍은 모든 위도에서 무선 통신에 영향을 미친다.

TV나 상업 라디오방송 등은 태양활동에 거의 영향을 받지 않지만, 인공위성을 이용한 지대공 통신(Ground-to-Air), 선박과 해안 간의 교신, 단파방송 그리고 아마추어 무선 등은 자주 교란을 받는다. 또한 몇몇 군 탐지 또는 조기경보체계는 태양활동에 의해 영향을 받는다. 초 지평선 레이더(over-the Horizon Radar)는 먼 거리

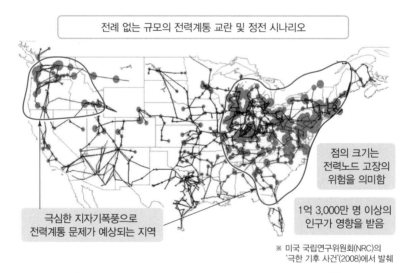

※ 미국 국립연구위원회(NRC)의
'극한 기후 사건'(2008)에서 발췌

⤳ 지구자기장 교란에 따른 미국 전력망 피해 예상도 14

에서 항공기와 미사일의 발사를 감지하기 위하여 전리층에 신호를 반사시킨다. 하지만 자기폭풍 동안 불필요한 전파에 의해 영향을 받게 된다. 미연방항공국은 이러한 통신 문제를 인식하고 태양활동 경보체계를 갖추었다. 전력망이나 통신의 장애 이외에도 위성, 항공, 항법, 방송 등등 여러 산업 분야에 피해가 발생할 수 있다.

과거에 비해 눈부시게 발전한 과학기술 덕분에 대부분의 사람들이 우주에서 발생하는 재난이 지구에 피해를 준다는 사실을 인지하고 있다. 하지만 그 구체적 사례나 피해 규모에 대해서는 제대로 알지 못하고 있는 것도 엄연한 현실이다.

앞에서 살펴본 바와 같이 우주에서 발생한 전자파로 인해 나타난 재난의 피해 유형 및 범위는 다양하면서도 광범위하며, 위성과 항공기 외에도 항법 및 전력, 방송 분야 등까지 영향을 미친다. 위성 분야의 경우, 통신의 잡음 및 두절은 물론 궤도 이탈이나 자세 오류 시 제대로 수정하기가 어려워지는 것으로 파악되었다.

또한 항공기의 경우 승무원이나 승객이 방사선에 노출될 수 있고, 디지털 기기들이 손상을 입을 수도 있다. 우주재난으로 인해 지구상의 전파 시스템에 피해가 발생하게 되면, 그 피해 범위는 상당히 넓어지게 된다.

이처럼 우주전파로 인한 재난은 다른 자연재난에 비해 전 세계에 대규모 피해를 입힐 가능성이 높은 만큼, 국제적으로 관심을 가지고 대응체계를 준비해야 한다. 특히, 우주전파로 발생한 재난은 디지털 산업의 고도화에 따른 신규 재난에 해당되는 영역인 만큼, 실시간 감시 및 예보 시스템 구축 등을 통한 국가적 대응이 필요하다.

Chapter 2
인공지능

01
인공지능은 무엇인가?

모든 것을 변화시키고 새로운 세상을 열어줄 것이라 회자되는 인공지능(AI : Artificial Intelligence)의 시대가 왔다. 인공지능을 정확하게 정의하기 위해서는 그 반대 개념인 '자연지능'의 실체를 이해할 필요가 있다. 자연지능은 생명체가 가지고 있는 지능인데, 이는 곧 생존을 위한 능력으로 학습과 예측으로 나누어진다. 그러나 우리 인간 뇌의 물리적 구조나 사물을 인식하고 언어를 구사하며 추론을 하는 등의 인지과정에 대해 모르는 것이 아직도 너무나 많은 것이 사실이다. 따라서 난해하고 애매한 '지능'의 실체를 곧바로 파악하기보다는 인공지능을 '컴퓨터가 인간의 지능적인 행동을 모방할 수 있도록 하는 것' 정도로 정리하고, 후술하는 인공지능의 역사와 '튜링 테스트'를 통해 역으로 접근해보고자 한다.

인공지능에 대한 연구는 1940년대 영국 등에서 수학 및 컴퓨터

과학 이론과 생리학적 측면에서 처음 이루어졌으며 여기에는 영국의 수학자 앨런 매시슨 튜링(Alan Mathison Turing)의 공로가 숨어 있다. 튜링은 1950년에 발표한 논문 〈계산기계와 지능 (Computing Machinery and Intelligence)〉에서 '기계가 생각할 수 있는가'에 대한 도발적 시사점을 던진다. 그는 컴퓨터가 기술적으로 발전하게 되면 언젠가는 인간처럼 '생각'을 할 수 있다고 주장하였다. 튜링은 기계적 지능을 구현하는 원리를 설명하면서 기계가 지능을 가지고 있는지를 판별하는 간단한 테스트를 제안하였다.

앨런 매시슨 튜링
(Alan Mathison Turing, 1912~1954)

♦ 컴퓨터 과학 및 전산학의 아버지
♦ 연구 분야 : 수학, 암호해독학, 컴퓨터 과학, 철학, 생물학, 논리학
♦ 주요 업적 : 튜링기계 · 튜링 테스트 고안, 에니그마 암호 해독

'튜링 테스트'로 불리는 이 테스트는 인공지능 역사에서 가장 중요하고 흥미로운 개념이며 인공지능 분야를 공부할 때 반드시 만나게 된다. 튜링 테스트는 기계, 그 기계와 대화하는 사람, 이 둘의 대화를 관찰하는 심사위원으로 구성된다. 먼저, 기계와 사람은 채팅 메시지를 주고받으며 서로 대화를 한다. 심사위원은 이들의 대화방과는 격리되어 있고 주고받은 대화의 텍스트만 관찰할 수 있다. 심사위원은 그 텍스트 내용만으로 누가 사람인지 구별해야 한다. 튜링은 심사위원이 대화 내용을 보고 사람과 기계를 구별하지 못하면 그 기계는 '지능'을 가지고 있다고 간주한다.

튜링은 '생각', '마음', '지능'의 본질에 대해 소모적인 논쟁을 하기

보다는 튜링 테스트를 통과하는 기계를 만들어 보는 것이 더 중요하다고 생각했다. 즉, 이 테스트 자체는 '지능'이 무엇인지 따지는 대신에 관찰자 입장에만 초점을 둔다. 튜링 테스트는 너무나 단순하여 특별한 내용을 담고 있지는 않지만, 다른 각도로 보면 오히려 인공지능의 본질에 대해 모든 것을 보여주는 듯하다.

이후 1956년 미국 다트머스 회의(Dartmouth Conference)로 알려진 모임에서 인공지능(AI)이라는 용어가 처음으로 등장했다. 여기에는 '인공지능의 아버지'라 불리는 마빈 민스키(Marvin Minsky)와 당시 다트머스대 수학과 교수 존 맥카시(John McCarthy) 그리고 벨 연구소의 수학자 클로드 섀넌(Claude Shannon) 등이 참여했다.

마빈 민스키(Marvin Minsky, 1927~2016)
- ✦ 인공지능의 아버지
- ✦ 연구 분야 : 인지과학, 컴퓨터 과학, 인공지능, 심리철학
- ✦ 주요 업적 : 인공지능 분야 개척, 공초점 레이저 주사 현미경 개발, 《퍼셉트론즈(Perceptrons)》 등
- ✦ 트랜스휴머니즘(Transhumanism)*주의자

이 회의에 참여한 과학자들은 인공지능이 구체적으로 무엇을 의미하는지, 인공지능을 어떻게 활용할 것인지에 관해 토론했는데, 민스키 교수는 인공지능을 '사람이 하려면 지능이 필요한 일을 기계가 하도록 만드는 과학'이라고 정의하였다. 그는 '인간은 생각하는 기계'라는 철학을 바탕으로 인공지능에 대해 연구했는데, 인간이 생각

---

* 과학과 기술을 이용하여 사람의 정신적 · 육체적 성질과 능력을 개선하려는 지적 · 문화적 운동을 말한다. 트랜스휴머니즘은 장애, 고통, 질병, 노화, 죽음과 같은 인간의 조건들을 바람직하지 않은 것으로 규정하였다.

하는 기계라면 이를 실제 기계가 할 수 있도록 프로그램을 만들어 내는 것이 가능하다고 여긴 것이다. 특히, 그는 인간의 뇌신경망에 집중했는데, 뇌신경망을 모방하여 컴퓨터의 논리회로를 만들게 되면 컴퓨터도 인간처럼 지능을 가질 수 있다고 믿었다.

이후 인공지능은 여러 학자들 사이에서 연구되고 있지만, 명백한 정의는 없는 상태였다. 다만, 인공지능을 인간의 사고작용(Thinking)을 대신 수행하는 범위까지로 할 것인지, 행동(Behavior)에 초점을 맞출 것인지에 따라 구분할 수 있다. 인간의 사고작용에 초점을 맞춘 정의를 살펴보면 인공지능에 대해 존 호글랜드(John Haugeland)는 "컴퓨터가 생각하게 만드는 시도 및 마음을 보유하고 있는 기계"라고 하였고, 리처드 E. 벨먼(Richard Ernest Bellman)은 "사람이 생각하고 결정하며, 문제를 풀고 배우는 활동 등의 자동화로서 인간처럼 사고하는 것"이라고 정의하였다. 반면, 케빈 나이트와 일레인 리치(Kevin Knight & Elaine Rich)는 "사람이 잘할 수 있는 과업들을 컴퓨터가 할 수 있도록 연구하는 것"이라고 인공지능을 정의하면서 인간의 행동(Behavior)에 초점을 맞추고 있다.

이러한 정의를 바탕으로 인공지능을 다음 표의 내용과 같이 네 가지 유형으로 구분할 수 있다.1 여기서 합리적 사고와 행동은 약한 인공지능으로 볼 수 있지만, 특정 문제를 인간의 수준으로 해결하는 이론적 사고와 행동은 강한 인공지능으로 볼 수 있다.

[AI 목표에 따른 분류]

구분	이론적	합리적
사람의 사고	사람과 같은 사고 체계	합리적 사고 체계
사람의 행동	사람과 같은 행동 체계	합리적 행동 체계

출처 : 과학기술정책연구원(2020)

1950년대 시작된 인공지능은 뇌신경망 기술을 컴퓨터 회로에 적용하였지만, 실제 응용문제들의 해결에 실패하며 한동안 침체되었다. 1980년대 학문 분야에 인공지능이 들어오고 산업분야에 도입되는 등 다시 부흥기를 맞았지만 PC의 등장은 인공지능 분야를 한 번 더 침체기로 접어들게 하였다. 이후 2000년대에 들어서면서 기존 인공지능의 한계들을 극복하고, 머신러닝과 신경망(Neural Network), 확률적 추론 등에 관한 연구가 발전하였으며, 특히 최근에는 음성인식을 기반으로 한 AI 스피커, 자율주행 자동차가 대거 등장하는 등 인공지능은 일상생활에 직접적으로 스며들고 있다.

이렇게 빠르게 발전하고 있는 인공지능을 우리가 어떻게 다루어야 할지에 대하여 생각해보자.

인공지능은 어려운 기술이라기보다는 우리의 삶에 자연스럽게 녹아들고 있다. 따라서 이제는 정부와 기업들도 인공지능 기술이 무

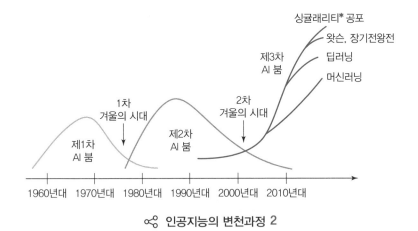

◌ 인공지능의 변천과정 2

---

* 싱귤래리티(Singularity)는 인공지능과 사물인터넷의 결합이 가져올 미래를 상징하는 용어로 인공지능이 인간지능을 넘어서는 기점을 의미한다.

엇이며 어떤 일을 할 수 있을지를 고민하기보다 과연 인공지능으로 무엇을 할지, 즉 인공지능과 어떤 분야를 연결할 것인지를 고민해야 한다. 중요한 것은 인공지능이 그 자체로 존재하기보다 다양하게 다른 분야와 직·간접적으로 연결되어 있다는 점이다. 인공지능은 MIT 컴퓨터 과학자에게서 시작되어 컴퓨터공학으로 이어졌지만, 그것만으로 인공지능을 설명하기는 어렵다. 인공지능에는 언어학, 뇌과학, 생리학, 생물학, 컴퓨터공학, 데이터과학, 심리학, 인지과학, 물리학, 통계학, 수학 등과 인문학이 융합되어 있기 때문이다.

인공지능에는 호모사피엔스 30만 년의 역사가 고스란히 담겨 있다. 여태껏 쌓아올린 지식, 지혜, 혜안, 경험, 상상, 학문 등의 총집합체가 바로 인공지능이다. 우리가 인공지능에 대해 알고 준비해야 하는 이유도 여기에 있다. 지금은 스마트폰과 같은 모바일 기기의 사용을 누구나 자연스럽게 여긴다. 우리의 일상에 자연스럽게 녹아들어 있는 것이다. 인공지능도 마찬가지이다. 과학이 아니라 인류의 새로운 여정이고, 삶과 일의 새로운 방식이다.

인공지능이 생활화되고 일상화됨에 따라 개인이나 조직은 완전히 다른 총괄적인 성장 상태로 들어서게 된다. 이세돌과 바둑 대결을 벌였던 알파고나 영화 속에 등장하는 인간을 위협하는 로봇만이 인공지능이 아니다. 아주 작은 부분, 우리가 모르고 지나쳤던 부분에도 인공지능은 존재한다.

인공지능과 딥러닝

　인공지능 머신러닝과 딥러닝을 모두 포함하는 가장 광범위한 개념은 인간 지능을 모방하여 사람이 하는 복잡한 일을 기계가 하도록 구현하는 것이다. 이러한 인공지능을 구현하는 방법 중 하나가 머신러닝이며, 딥러닝은 머신러닝의 여러 방법 중 하나의 방법론으로서 인공신경망(Artificial Neural Network)의 한 종류이다.

　초기의 인공지능은 '규칙기반' 인공지능으로 기호(Symbol)와 논리(Logic)를 바탕으로 하는 접근방식이다. 수학적 증명, 기계추론 등 문제해결 분야에서 상당한 성과를 보였으며, 1970년대 전문가 시스템(Expert System)으로 발전하여 산업용으로도 사용되었으나 현실을 모두 기호화할 수 없다는 한계로 인해 1980년대 이후 쇠퇴하게 된다.

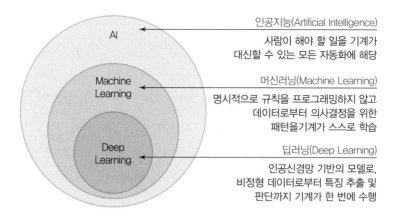

인공지능(Artificial Intelligence)
사람이 해야 할 일을 기계가
대신할 수 있는 모든 자동화에 해당

머신러닝(Machine Learning)
명시적으로 규칙을 프로그래밍하지 않고
데이터로부터 의사결정을 위한
패턴을 기계가 스스로 학습

딥러닝(Deep Learning)
인공신경망 기반의 모델로,
비정형 데이터로부터 특징 추출 및
판단까지 기계가 한 번에 수행

✂ 인공지능, 머신러닝, 딥러닝의 관계 3

 이후 지능을 충분히 설명하기에는 기호와 논리만으로는 부족하
며, 오히려 인간의 지능은 인간 두뇌의 신경들 사이의 연결로부터
출발한다는 가정하에 인간의 뇌 신경망을 모방한 연결주의 인공지
능이 등장한다. 이러한 연결주의에 기반한 인공지능을 신경망 기반
인공지능이라고 부른다.

 인공신경망 인공지능은 1957년 퍼셉트론(Perceptron)이 최초로
개발된 이후 다층 퍼셉트론(Multi-Layered Perceptron)으로 발전
했으나, 학습과정에서 데이터가 사라지거나 새로운 사실의 추론, 새
로운 데이터의 처리 등의 한계로 인해 오랫동안 침체기를 겪었다.
이후 제프리 힌튼(Geoffrey Everest Hinton)이 이러한 한계를 극
복하면서 딥러닝(Deep Learning)으로 부활하게 된다.

 인공신경망의 초기 모델 퍼셉트론은 단순한 함수형태였으며 입력
층과 출력층만으로 이루어져 있었다. 그럼에도 불구하고 기호주의
자들은 인간의 신경망처럼 작동하는 퍼셉트론에 큰 충격을 받았고,
젊은 학자들은 인간의 신경망을 그대로 모방하여 학습하는 새로운

방식에 열광하였다. 당시 〈뉴욕타임스〉는 퍼셉트론이 "걷고, 말하고, 보고, 쓰고, 스스로 번식하여 그 존재를 인식할 수 있는 전자 컴퓨터의 배아"라고 칭송을 할 정도였다.

그런데 퍼셉트론이 등장한 지 12년이 지난 1969년, 마빈 민스키(Marvin Minsky)와 시모어 페퍼트(Seymour Papert)는 《퍼셉트론즈(Perceptrons)》라는 책을 통해 단층 인공신경망인 퍼셉트론은 단순한 선형분류기에 불과하여 XOR* 같은 비선형 문제를 풀 수 없음을 발표하였다. 이것은 퍼셉트론이 가지는 본질적인 한계를 수학적으로 증명한 것이어서 인공신경망에 대한 열기는 급속도로 냉각되었다.

그러나 마빈 민스키의 발표 이후에도 몇몇 학자들은 퍼셉트론의 문제점을 극복하고자 입력층과 출력층 사이에 여러 겹의 은닉층(중간층)을 가지는 '다층 신경망(Multi-layered Neural Net)' 아이디어를 발전시키면서 더욱 정교한 사고가 가능하도록 하였지만, 마빈 민스키가 지적한 근본적 문제를 해결하지 못하면서 인공신경망은 오랜 시간 발전하지 못하였다.

이후 1986년도에 제프리 힌턴(Geoffrey Everest Hinton)과 그 동료들이 발표한 '오차역전파(Back-propagation)' 기법**에 의해 다층구조의 인공신경망 학습 알고리즘이 개선되면서 인공신경망의 한계를 극복할 수 있게 되었다. 제프리 힌턴은 사전학습을 통해 '사라지는 경사도'의 문제를 해결하고, 학습 도중 고의적인 데이터 누락을 통해 새로운 데이터를 처리할 수 있게 하는 등의 방법을 통해 기

---

* 배타적 논리합으로, 입력값 2개 중 1개만 참일 때 참이 되는 논리 연산자이다.
** 신경망 학습 처리에서 오차를 최소화하기 위해 함수의 경사를 효율적으로 계산하는 방법이다.

존 인공신경망의 한계를 극복하였다. 이때 개발된 인공신경망을 '딥러닝(Deep Learning)'이라고 부르기 시작하였다.

제프리 힌턴(Geoffrey Everest Hinton, 1947~)

♦ 딥러닝의 아버지
♦ 연구 분야 : 인지과학, 컴퓨터 과학, 인공지능, 심리학
♦ 주요 업적 : 딥러닝 연구, 힌턴 다이어 그램(Hinton Diagram)* 발명, 오차역전파(Back-propagation) 등
♦ 튜링상 수상

　이러한 인공신경망의 한계를 극복할 수 있었던 알고리즘의 개발과 함께 방대한 학습 데이터의 축적, 컴퓨터 하드웨어의 발전으로 인한 신경망 계산량 증가 등의 요인이 딥러닝을 유행시키는 요소라고 할 수 있다.

　지금부터는 딥러닝과 고전적 머신러닝의 본질적 차이를 알아보고자 한다. 딥러닝은 머신러닝 방법론 중 하나에 불과하지만 몇 가지 중요한 차이가 있다. 우선 머신러닝은 의사결정트리, 나이브 베이지안, K평균, 서포트 벡터 머신(SVM) 등의 알고리즘을 기반으로 하지만, 딥러닝은 컨볼루션 신경망(CNN : Convolutional Neural Network)이나 순환 신경망(RNN : Recurrent Neural Network)과 같은 신경망 구조를 사용하여 작업을 수행한다. 둘째, 머신러닝은 입력 피처(Feature)를 뽑는 데 인간의 수작업이 필요하지만 딥러닝은 학습을 통해 자동으로 선별한다. '피처를 자동으로 선별

---

* 다차원 정보(가중치 행렬 등)의 값을 표현한 그림이며, 각 값의 크기는 도형의 크기로, 부호는 도형의 색으로 표현된다.

한다.'라는 의미에서의 머신러닝은 크게 '지도 학습(Supervised Learning)'과 '비지도 학습(Unsupervised Learning)'의 두 가지 유형으로 나누어진다. '지도 학습'은 입력값인 피처(Feature)와 출력값인 라벨(Label) 두 가지 모두를 포함하고 정답이 있는 데이터를 활용해 데이터를 학습시키는 방법을 말한다. 사람이 컴퓨터에게 "입, 코, 귀 모양 등 동물의 어떤 피처, 즉 특징이 어떠한 경우에 그것은 강아지(라벨, 즉 결과)입니다."라고 알려주는 것은 컴퓨터 입장에선 지도를 받는 것이므로 '지도 학습'이라 한다. 보통 '지도 학습' 방식의 머신러닝은 학습을 할 때 피처와 라벨 모두를 포함하는 데이터를 준비해야 하며, 학습이 끝난 후 미지의 피처를 입력하면 어떠한 라벨을 출력하는 식으로 작동한다.

한편, '비지도 학습'은 피처만 존재하고 라벨이 없는 데이터를 비슷한 특징끼리 군집화하여 새로운 데이터에 대한 결과를 예측하는 방법이다. 컴퓨터는 인간으로부터 동물들의 "입, 코, 귀 모양(Feature)이 이렇게 생겼어."라고만 들었을 뿐, 그런 피처들을 지닌 것이 결국 무엇인지에 대해서 지도받지 못하는 것이다. 컴퓨터 입장에서는 인간에게 지도를 받지 못하였다고 하여 이를 '비지도 학습'이라고 한다.

다시 본론으로 돌아와서 '피처를 자동으로 뽑는다.'라는 의미는 인공지능 개발자가 피처가 무엇인지를 정의하고 데이터로 입력할 필요가 없다는 것이다. 예를 들어, 사람의 얼굴 이미지를 가지고 남자와 여자를 구별하는 이미지 인공지능을 개발한다고 가정하자. 인공지능을 만드는 개발자는 일단 남자와 여자를 구별하는 특징, 즉 피처를 입력해야 한다. 이마, 코, 눈, 입술, 머리카락 등 다양한 구별적인 특징을 잘 잡아서 피처를 설계해야 한다. 하지만 남자와 여자

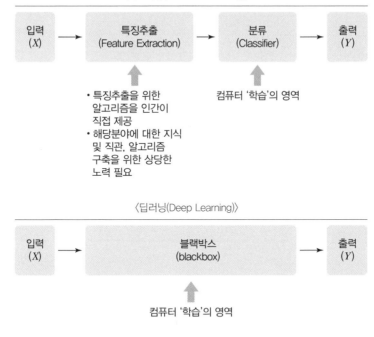

∘⃘ **머신러닝과 딥러닝의 차이 4**

를 구별하는 미묘한 특징을 사람이 모두 설정해서 '디자인한다.'라는 그 자체만으로도 너무나 막막하고 어렵다. 따라서 고전적인 머신러닝 방식으로는 이미지를 인식하거나 개와 고양이를 분류하는 모델을 만들기가 매우 어려운 것이다.

딥러닝의 등장은 이러한 문제를 해결하였다. 딥러닝은 놀랍게도 이미지를 통해 피처를 스스로 생성해낼 수 있다. 그뿐만 아니라 엄청난 양의 데이터를 학습하여 스스로 피처를 만들고, 인간이 인식하지 못한 숨은 특징도 찾아낸다. 이런 의미에서 딥러닝을 '표현학습' 혹은 '특징학습'이라고 할 수 있다.

03
인간과 인공지능의 협업

 사람들이 모이는 곳에서는 언제나 인공지능이 화제인 시대이다. 하지만 어떤 사람들은 인공지능을 굉장히 단선적으로 보거나 편견을 가지고 있다. 인공지능 때문에 인간이 컴퓨터와 기계에 지배당할 것으로 보기 때문이다. 그들은 극단적인 예측을 내세우면서 인간이 지배당하기 전에 인공지능을 받아들여서는 안 된다고까지 말한다. 2016 다보스포럼에서도 제4차 산업혁명 시대에 인공지능은 사람을 대체하여 많은 일자리를 빼앗을 것이라는 이야기가 오갔다. 2050년에는 현재 노동자의 50%가 인공지능으로 대체될 것이라 예견하기도 하였다. 이런 과정에서 사람들이 두려움을 느끼는 것은 어찌보면 당연하다.

 물론 제대로 준비하지 못한 채 인공지능 세상을 맞이하면 혼란스러울 것이다. 그러나 이것이 곧 인간이 인공지능에 지배당하는 것을 의미하는 것은 아니다. 그보다는 인공지능과 함께 공진화한다고 보는 편이 옳다. 인공지능과 사람이 할 수 있는 고유한 영역은 각각 존재하기 때문이다.

대부분의 기업들은 단순히 한 가지 일만이 아니라, 보다 많은 일을 할 수 있는 사람을 원한다. 이때 도움이 되는 것이 바로 인공지능 비서일 것이다. 현재 인공지능 비서는 문자, 카톡, 전화 걸기와 받기, 일정관리, 음악·오디오 켜기까지 가능하다. 이를 바탕으로 향후 타 회사에서 개발한 인공지능 비서들과의 호환과 협업을 통해 인공지능 비서 스스로가 다른 인공지능 비서와 정보를 교류·공유까지 그 범위를 확장시킬 예정이다.

그뿐만 아니라 이미 로봇과의 협업을 통해 새로운 성공 가능성을 보여준 기업도 있다. 바로 영국의 온라인 식료품 회사 오카도(Okado)이다. 유통기업이면서 물류혁신에 앞장서고 있는 대표적인 기업으로 아마존을 꼽는 경우가 많은데, 오히려 다른 글로벌 유통기업의 롤모델이 되고 있는 곳은 오카도이다. 외부에 자사의 혁신적 물류기술을 잘 알리지 않는 아마존과 달리, 오카도는 홈페이지나 보고서 등 다양한 채널을 통해 물류 기술과 솔루션 정보를 제공한다. 이에 대해 〈파이낸셜타임스(Financial Times)〉는 자사를 위한 솔루션을 만드는 아마존은 Mac OS를 만든 '애플'로, 모두가 공유할 수 있는 솔루션을 만드는 오카도는 Window를 만든 '마이크로소프트'로 비유하기도 했다.

2000년 설립된 오카도는 오프라인 매장은 단 한 곳도 없이 온라인으로만 식료품을 소비자에게 배송해준다. 전날 주문하면 다음 날 집 앞에 배송해주는 빠른 서비스 덕분에 업계 1위를 유지하고 있으며, 이를 자주 이용하는 구매자가 65만 명에 달한다. 이렇게 빠르고

⤳ AI와 로봇을 활용한 오카도(Okado) 물류센터 5

정확한 서비스가 가능했던 것은 로봇과의 협업 덕분이다.

최근에는 물류자동화 솔루션을 판매하는 등 유통기업에서 ICT 기업으로 사업을 확장하고 있다. 국내에서 온라인 전용 물류센터를 운영하고 있는 이마트와 롯데마트 역시 물류센터 내 물류자동화 기술 도입 당시 오카도를 참고했던 것으로 알려졌다. 이처럼 오카도는 유통업에서 출발했지만 AI, 로봇, 빅데이터, IoT 등 지능기술 기반의 독자적인 유통ㆍ물류 플랫폼과 솔루션 등을 개발해 글로벌 유통기업에 적용하면서 온라인 유통전문 ICT 기업으로 변신 중이다.

인공지능이 사람을 대신해 교육행정 서비스를 제공하는 사례도 있다. 영국 스태퍼드셔대학교(Staffordshire University)가 클라우드 서비스 사업자인 ANS사와 공동으로 개발한 비컨(Beacon)이 그것이다. 인공지능 조교라고 할 수 있는 비컨은 상담이나 성적 분석 등의 소통이 가능하다. 학생들은 과거 조교에게 했던 시간표 관련 질문부터 학생증 발급이나 교수와의 면담 요청도 비컨을 활용한다.

이렇게 교육 행정용으로 개발된 인공지능 조교는 학생에게 제공되는 교육서비스의 질을 향상시키고, 교수의 업무 부담을 줄여주는 긍정적인 결과를 가져온다.

특히, 행정업무 외에 학생들이 겪는 우울함이나 걱정에 대한 상담도 가능하다. 단순히 서비스를 제공하는 로봇이 아니라 학생들을 위한 비서가 되어주는 비컨은 앞으로 학생 개개인을 위해 더욱더 향상된 맞춤 서비스를 제공할 수도 있을 것이다. 이를 통해 좀 더 양질의 교육을 받을 수 있는 환경이 만들어지는 것은 당연한 일이겠다.

04
인공지능의 위험

새로운 시대가 도래함에 따라 그에 따른 명암도 분명히 존재한다. 중요한 것은 우려를 공포로 받아들여 앞으로 나아가지 못한다면 발전은 이루어질 수 없다는 점이다. 우리가 인공지능 시대를 바라보는 시선도 이러한 상황을 유의해야 한다. 인공지능은 얼마만큼 준비하고 이해하느냐에 따라 그 성공 여부가 달려 있다. 따라서 인공지능에 대하여 막연한 믿음과 무조건적인 두려움 모두 옳지 않다. 하지만 인공지능의 위험성에 대해서는 면밀하게 살펴볼 필요가 있다. 인공지능이 어떠한 위험성을 가지고 있는지 이해해야 위험에 대한 적절한 대응 및 대비가 가능하기 때문이다.

이론 물리학자이자 우주학자인 스티븐 호킹(Stephen William Hawking) 박사*는 사후에 출간된 저서 《호킹의 빅 퀘스천에 대한 간결한 대답(Brief Answers to the Big Questions)》에서 인공지능에 대하여 경고하였다. "인공지능을 설계하는 데 있어 인공지능이 인간보다 우월하여 인간의 도움 없이 스스로 개선할 수 있게 된다면 우리는 지능폭발에 직면하게 될 것이며, 궁극적으로 인간과 인공지능의 지능 격차는 현재 달팽이와 인간 지능의 격차만큼 벌어질 수 있을 것이다."라고 말이다. 그는 생전에도 BBC와의 인터뷰에서 "완전한 인공지능 기술의 발전은 인류의 종말을 초래할 수도 있다."라고 이야기한 바 있다. 현재는 인공지능이 위협적이지 않더라도 미래에는 위협이 될 수 있다는 것이다.

인공지능의 위험성에 대하여 경고한 또 다른 사람으로는 테슬라 최고경영자인 일론 머스크(Elon Reeve Musk)가 있다. 그는 MIT 연설에서 인공지능 연구 이면의 위험성을 경고했다. 인공지능과 관련해서 신중한 접근이 필요하며, 적절하게 규제하지 않는다면 인류의 미래에 큰 위험이 될 수 있으니 인공지능 규제 법안을 조속히 만들어야 한다고 언급한 바 있다. 하지만 그렇다고 해서 일론 머스크가 인공지능을 완전히 배제하고 관심을 두지 않는 것은 아니다. 그는 비영리 인공지능 연구회사인 '오픈 AI'를 설립하여 인공지능을 안전하게 하는 기술을 연구하고 있다.

인공지능은 단순한 기호처리가 아니라 인공신경연결망 모형 기반의 딥러닝 알고리즘으로 만들어져 있어 그 구조상 우리가 예측할 수 없는 문제가 발생하여 잘못된 의사결정을 내릴 수 있다. 딥러닝과 같은 알고리즘에서는 인간이 적은 수의 코드만 설계함으로써 최소한의 제한규칙만 주어지므로 학습을 통해 만들어지는 심층신경

---

* 스티븐 호킹(Stephen William Hawking, CH, CBE, FRS, 1942~2018)은 영국의 이론물리학자로(특히, 블랙홀이 있는 상황에서의) 우주론과 양자 중력의 연구에 크게 기여했으며, 자신의 이론 및 일반적인 우주론을 다룬 여러 대중 과학 서적을 저술하였다.

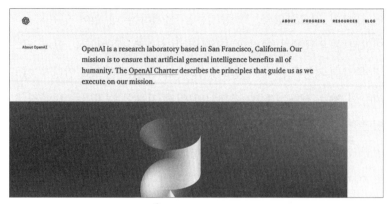

Open AI 사이트

망의 층과 연결망은 인공지능이 스스로 학습한 결괏값이며 인간이 모두 입력한 것은 아니다. 이 때문에 정해진 입력–출력의 법칙이 없다.

이러한 특성을 가졌기에 인공지능의 심층학습 과정을 거쳐 나온 최종 출력에 대해서는 딥러닝 설계자도 어떠한 방식을 통해 그러한 결과가 나왔는지 알기 어렵다. 이런 의미에서 인공지능의 학습과정 내부를 '블랙박스(Blackbox)'라고 부른다. 인공지능 내부의 블랙박스에 접근하기 어려워 발생할 수 있는 인공지능 오류의 원인에는 두 가지 유형이 있다.

첫째, 편향된 데이터를 대표적 샘플 데이터로 사용하는 '대표성 편향'이 오류의 원인인 경우이다. 우리는 알고리즘을 인간의 기호나 정치적 견해 등과 관련 없는 중립적인 것으로 생각한다. 그러나 인공지능의 알고리즘은 인간사회의 거울이다. 데이터과학자인 캐시 오닐(Cathy O'Neil)은 자신의 저서 《대량살상 수학무기》에서 알고리즘과 빅데이터는 전혀 객관적이지 않고 불평등을 자동화할 수 있으므로 오히려 더 위험하다고 주장한다. 왜냐하면 인공지능의 최종 출력과 판단은 컴퓨터 자체가 하는 일이라기보다는 사실상 인간의 손길이 많이 닿아 있다. 인공지능이 내리는 판단은 데이터를 학습한 결과인데, 이때 데이터는 우리와 같은 일반 사람들의 인터넷 검색, 사진, 쇼핑기록 등 생활 전반에 걸친 모든 것들로 만들어진다. 그리고 이 중 어떤 데이터를 특정 인공지능이나 로봇에 학습시킬지, 학습시킬 때 어떤 컴퓨터 알고리즘을 사용할지는 인간이 결정한다. 이때 인간이 가진 편견이 개입될 수 있다. 이러한 개입 가능성은 기존에도 있었으며 새로운 문제는 아니라고 반박할 수 있다. 문제는 최근 발전한 딥러닝 알고리즘으로 돌아가는 인공지능은 그 편향의 차원이 다르다는 데에 있다.

예를 들어, 구글 이미지에서 '미국인'을 검색해보면 흰 얼굴이 다수이다. 구글에서 의도적으로 백인 얼굴 위주로 얼굴인식 인공지능을 학습시킨 것은 아니지만, 인공지능의 기계학습 재료가 되는 구글 이미지들에서 얼굴색이 검은 사람들의 데이터 비중이 매우 낮으므로 흑인 얼굴에 대한 기계학습이 제대로 이루어지기 어렵다. 이미지 데이터들을 수집하고 그중 학습시킬 이미지들을 분류할 때 백인의 얼굴과 흑인의 얼굴 이미지 수를 유사하게 조정하는 작업을 굳이 하지 않았기에 인간 얼굴 분류에서 백인의 얼굴이 대표적 샘플이 되며, 편향된 학습이 이루어질 수밖에 없다. 의도된 인종차별은 아니지만, 인공지능이 학습하는 얼굴이나 정보는 특정 집단에 치중될 수 있는 가능성이 높다. 이 편향은 인공지능이어서 가지게 되는 편향만이 아니라 이미 인간 사회가 가지고 있는 무의식적 편향이다.

둘째, 비공정한 기준으로 알고리즘이 만들어지는 '알고리즘 편향'이 오류의 원인인 경우이다. 이때는 인공지능의 의사결정 최종 출력 단계인 '판단'에서 문제가 드러난다. 그 예로 미국 경찰이 사용하는 컴파스(Compas)라는 인공지능 컴퓨터를 볼 수 있다. 컴파스는 위스콘신주에 거주하는 에릭 루미스라는 범죄자를 재범률이 높다는 근거로 총격사건에 사용된 차량 운전에 대한 형량을 6년으로 선고하였다. 에릭 루미스는 재범률이 높다는 판단의 기준을 문의하고자 했으나 이의 제기조차 할 수 없었다. 컴파스는 범죄 이력이 있는 이들 중 백인이나 부자인 사람들보다 흑인이나 빈민촌 거주자들을 더 많은 확률로 높은 재범 가능성이 있다고 판정한다는 조사가 나왔기 때문이다.

또 다른 사례로, 아마존은 2014년부터 인공지능을 활용한 채용시스템을 개발해왔다. 그러나 최근 이 시스템이 여성 지원자를 차별하는 것으로 드러나 도입이 취소되었다고 한다. 우리가 얻을 수 있는 교훈은 인공지능에 오류가 발생할 수 있음을 인정하고 이를 제어할 수 있어야 한다는 것이다. 아마존은 인공지능 시스템으로 채용이 완료된 직원의 이력서를 적용하여 실제 결과와 일치하는지를 확인했는데, 그 과정에서 여성을 차별하고 있었던 사실을 발견했다는 것이다. 이에 반해 남성이 이력서에 자주 쓰는 동사는 유리하게 인식되었다고 한다. 이렇듯 특정 용어에 불이익을 주는 알고리즘의 오류 때문에 아마존은 시스템을 포기한 것이다.

아직까지는 인공지능이 어떻게 의사결정을 하는지 어떤 알고리즘을 갖고 있는지 정확히 알 수 없는 시대이다. 그렇다면 더더욱 인공지능 알고리즘 오류를 방치해서는 안 된다. 알고리즘 오류는 바로 '인공지능의 편향(AI Bias)'으로 이어지기 때문이다. 인공지능은 사람들을 분류하는 데 흔히 사용되는 이름, 주소, 성별 및 피부색을 근거로 차별할 가능성이 있다. 만약 대입 합격자 선발이나 승진 혹은 명예퇴직할 이를 선발하는 의사결정에 무의식적 편향이나 불공

정성이 개입된다면 수많은 사람들이 정신적·금전적 피해를 입을 것이다.

더 큰 문제는 '킬러로봇(Killer Robot)'과 같은 인공지능 살상무기에 오류가 발생하는 경우이다. 킬러로봇은 전장에서 적군을 살상하는 역할을 담당하는 인공지능 로봇인데, 핵심적 특징은 사람의 의지가 개입되지 않고 기계적 판단에 의해 스스로 목표물을 선택하고 공격하도록 설계된다는 것이다. 따라서 인간의 원격제어에 의해 작동하는 '군사형 로봇(Military Robot)'과 달리, 킬러로봇은 프로그램에 따라 스스로 살상 행위를 수행할 수 있는 '인공지능의 자율성'이 매우 중요한 요소로 작용한다.

적의 인명을 살상하거나 적의 군사 시설을 파괴하기 위해 센서, 인지, 행동의 장치들을 조합해 개발된 기기라는 점에서, 킬러로봇은 '치명적 자율무기체계(LAWS : Lethal Autonomous Weapons System)' 또는 '완전자율무기(FAW : Fully Autonomous Weapons)'라고 불리기도 한다. 한마디로 킬러로봇은 공격한 대상의 선택과 효과에 대한 인간의 직접적인 통제, 즉 '의미 있는 인간 통제(Meaningful Human Control)'로부터 자유로운 무기체계라고 볼 수 있다.[6]

이미 킬러로봇은 세계 각국들 사이의 새로운 군비경쟁의 원천이 되고 있다고 해도 과언이 아니다. 점차 현대 전쟁에서 드론과 같은 무인기 활용이 보편화되면서, 킬러로봇은 국제사회의 현실적 문제로 대두되기 시작하였다. 또한 인간의 생명·신체에 해를 가하거나 인간 고유의 기본권 침해 가능성에 대한 우려가 더욱 커지고 있다. 특히, 인간의 통제를 벗어날 경우 킬러로봇이 지니는 가공할 만한 살상 위력이 기술적으로 입증됨에 따라 단순히 윤리적 차원의 논의를 넘어 법·제도적 대응의 필요성도 점차 높아지고 있다.

킬러로봇이 실제로 사람을 해친 사건이나 사례가 직접적으로 보고된 사례는 많지 않지만 킬러로봇의 기술적 수준이 점차 고도화되고 그 현실성을 구체적으로 입증하는 기술개발 사례 및 사건들이 증가하면서, 킬러로봇의 위험성은 막연한 두려움이 아니라 실제적인 것으로 나타나기 시작하였다. 2017년 말 킬러로봇 반대단체가 유튜브를 통해 공개한 '킬러 드론' 동영상은 언제 어디서든지, 대규모적인 인명살상이 가능함을 시뮬레이션으로 입증해 전 세계적으로 충격을 던진 바 있다. 이는 2018년 8월 4일 1kg의 폭발물을 장착한 킬러드론으로 베네수엘라 대통령 니콜라스 마두로 모로스(Nicolás Maduro Moros)를 암살하려는 시도에서 여실히 나타났다. 결과적으로 암살은 미수에 그쳤지만 이 사건을 계기로 킬러로봇의 위협은 더욱 현실화되기 시작하였다.

Memo

Chapter 3
제4차 산업혁명

01
제4차 산업혁명의 기술

산업혁명은 18세기 후반 급격한 산업 생산력의 증대로 영국에서 시작된 사회 · 경제 구조의 획기적인 변화를 일컫는다. 18~19세기 사이 유럽과 북미로 확산되었으며, 영국의 역사학자 토인비(Amoid Toynbee)가 《18세기 영국 산업혁명 강의》에서 산업혁명을 언급하면서 널리 사용되었다.

토인비(Amoid Toynbee, 1852~1883)

제4차 산업혁명(4IR : Fourth Industrial Revolution)은 독일이 자국 제조업의 경쟁력을 강화하고 주도권을 이어가기 위해 구상한 차세대 산업혁명을 말한다. 세계 최고수준의 제조업 역량을 자랑하던 독일은 중국과 한국 등 후발국가의 기술 추격과 빠른 고령화로 인한 생산인구 부족으로 위기를 맞았다. 이를 극복하기 위해 정보통신기술(ICT)과 제조업의 융합으로 이루어 낸 혁명을 제4차 산업혁명이라 말한다. 이 혁명의 핵심은 인공지능, 로봇공학, 사물인터넷, 무인 운송 수단(무인 항공기, 무인 자동차), 3차원 인쇄, 나노 기술과 같은 6대 분야의 새로운 기술 혁신이다. 즉, 통신을 기반으로 모든 것이 연결되고, 다양한 기술이 융합되어 나타나는 혁신적인 진보이며, 인류 역사에서 기술 혁신과 함께 일어난 사회 경제 구조의 변혁이라 할 수 있다. "우리는 지금까지 살며 일하고 있던 삶의 방식을 근본적으로 바꿀 기술 혁명의 직전에 와 있다. 이 변화의 규모와 범위, 복잡성 등은 이전에 인류가 경험했던 것과는 전혀 다를 것이다." 세계경제포럼(WEF : World Economic Forum)* 회장 클라우스 슈밥**(Klaus Schwab)이 '제4차 산업혁명'을 얘기하면서 한 말이다. 클라우스 슈밥 회장은 "제3차 산업혁명을 기반으로 디지털, 바이오와 물리학 사이의 모든 경계를 허무는 융합 기술 혁명"으로 정의하고 정치 · 경제 · 사회의 새로운 패러다임으로 제시하였다.

클라우스 슈밥(Klaus Schwab, 1938~)

♦ 연구 분야 : 경제학
♦ 주요 업적 : 세계경제포럼 회장
♦ 제4차 산업혁명 주창

---

* 저명한 기업인 · 경제학자 · 저널리스트 · 정치인 등이 모여 세계 경제에 대해 토론하고 연구하는 국제민간회의이다.
** 독일 태생의 스위스 경제학자로, 1971년부터 세계경제포럼 회장, 이스라엘 벤구리온 대학교 명예교수를 역임하였다.

혁명이란 "신기술이나 새로운 세계관이 등장함으로써 경제체제와 사회구조가 완전히 바뀌는 것"을 말한다. 즉, 혁명이란 말이 성립하기 위해서는 2가지의 전제조건을 만족시켜야 한다. 첫 번째 전제조건은 신기술이 등장해야 한다는 것이며, 두 번째 전제조건은 그 신기술로 사회가 완전히 바뀌어야 한다는 것이다. 미래를 정확히 예측한다는 것은 불가능한 일이다. 그리고 아직 다가오지 않은 제4차 산업혁명을 한 문장으로 정확히 정의한다는 것 역시 불가능하다. 그러나 혁명의 정의를 빌려 제4차 산업혁명이 무엇인지 대략적으로 추측해볼 수는 있다.

산업혁명의 전개단계는 경제 · 사회 구조의 변혁을 촉진한 핵심 발명품의 등장시기를 기준으로 나뉜다. 제4차 산업혁명이 등장하기 전까지 총 3차례의 산업혁명이 발생하였다. 제1차 산업혁명은 증기기관을 기반으로 한 기계화 혁명, 제2차 산업혁명은 전기를 기반으로 한 대량생산 혁명, 제3차 산업혁명은 컴퓨터를 기반으로 한 지식정보 혁명이다.

제1차 산업혁명 시기에는 증기기관이 발명되면서 일을 사람보다 훨씬 잘하는 기계를 만들 수 있게 되었다. 증기기관이 등장하기 전까지는 모든 일을 사람이 다 했었다. 그 시기에는 사람의 노동력을 대신할 만한 마땅한 기계도 없었고, 인건비가 매우 낮았다. 하지만 농장일과 공장일을 훨씬 빠르고 정확하게 해주는 기계가 등장하면서 사람의 노동력을 기계가 대신하게 되었다. 즉, 제1차 산업혁명을 통해 '인간이 할 일을 기계가 대신해주는 것'이 자연스러운 사회가 만들어진 것이다.

제2차 산업혁명 시기에 주목할 만한 발명은 증기동력으로 회전하는 인쇄기를 들 수 있다. 이것은 19세기 초에 발명된 무한 두루마리

제지 기계의 발명에서 발전해온 것이었다. 기계적 식자는 라이노타이프(Linotype)*와 모노타이프(Monotype)**가 도입되어 혁신이 일어났다. 이러한 혁신의 의미는 적어도 영국에서는 지식의 보급이었으며, 1870년대 종이에 걸려 있던 관세가 철폐되었고, 생산 비용도 저렴해져 기술 관련 저널리즘이나 정기 간행물의 성장이 촉진되었다. 이 시대에는 발명과 그 응용이 이전 시대보다 더 널리 보급되었다. 미국에서는 공구의 발전으로 다른 기계에서 사용하는 정밀 부품 제조를 가능하게 했으며, 소비재 생산을 위해 제조 라인이라는 아이디어도 도입되었다. 또한 전기가 보급되었는데, 이와 관련된 대표적인 발명품이 테슬라 코일, 백열전구, 교류 전기 등이 있다.

그 이후, 1960년대에 컴퓨터라는 신기술이 등장하게 된다. 그로부터 몇십 년 뒤, 인터넷이라는 신기술이 또 한번 등장하였다. 이렇게 컴퓨터와 인터넷이 등장하면서 우리는 새로운 변화를 맞이하게 된다. 사실 컴퓨터나 인터넷이 보급되기 전까지는 정보가 소수의 엘리트들만 얻을 수 있는 것이었다. 하지만 컴퓨터와 인터넷의 등장으로 모든 사람들이 원하는 정보를 간편하고 쉽게 찾을 수 있는 새로운 사회가 만들어졌다. 이것이 정보화 혁명이라고도 불리는 제3차 산업혁명이다.

제1~3차 산업혁명은 혁명의 두 가지 전제조건을 모두 충족하고 있으며, 혁명의 정의는 실제로 성립한다는 것을 확인할 수 있다. 따라서 제4차 산업혁명을 "지금껏 보지 못했던 신기술이 등장함으로

---

* 19세기 후반에서부터 1970년대 및 1980년대에 오프셋 리소그래픽 인쇄 및 컴퓨터 조판으로 대체할 때까지 신문, 잡지, 포스터 등을 인쇄한 기계이다.
** 유화구나 잉크로 글라스 판이나 금속판 혹은 석판(石板) 위에 모양을 그리고, 그것에 종이를 덮어 인쇄한 기계이다.

제1차 산업혁명	제2차 산업혁명	제3차 산업혁명	제4차 산업혁명
공장생산체제	대량생산체제	자동화 시스템	사이버물리 시스템
1st	2nd	3rd	4th
• 1784년 • 증기기관 혁명과 기계화 생산설비	• 1870년 • 전기동력에 의한 대량생산체제	• 1969년 • 컴퓨터, IT 통한 정보화, 자동화 생산시스템	• 2016년 • 디지털 세계와 물리 세계를 연결한 사이버물리시스템

산업혁명 비교 1

써 현재 우리가 살고 있는 사회가 완전히 다른 모습으로 바뀌게 되는 것"이라고 포괄적으로 정의해도 좋을 것이다.

이러한 정의에 따라, 제4차 산업혁명은 제1, 2, 3차 산업혁명 시대에는 볼 수 없었던 신기술이 등장하여 이전과는 완전히 다른 모습으로 변화될 것이다. 그렇다면 제4차 산업혁명 시대에 등장할 신기술은 어떤 것들이 있으며, 각각의 기술은 우리의 미래에 어떤 변화를 가져올 것인지 살펴보고자 한다.

1. 인공지능

인공지능은 인간의 학습 능력, 인지 능력, 사고 능력, 자연어 이해 기술 등을 컴퓨터 프로그램으로 실현하게 하는 기술을 말한다. 이 정도로 명확하게 인공지능에 대해서 정의할 수 있는 사람은 많지 않겠지만 우리 국민의 대부분은 '알파고(AlphaGo)'*로 인해 대략적으로 인공지능이 무엇인지, 그리고 인공지능이 생각보다 우리 삶과 가까운 데에 있다는 사실 정도는 알고 있다.

인공지능이 일반 대중들에게 언급되기 시작한 것은 불과 몇 년 전이다. 그렇기 때문에 많은 사람들은 인공지능이 최근에 탄생한 기술이라고 오해하고 있지만 사실은 다르다. 인공지능이라는 단어는 몇십 년 전부터 학계에 존재했으며 인공지능을 개발하기 위한 노력도 제4차 산업혁명이라는 개념이 설립되기 훨씬 이전이라고 할 수 있는 1950년대부터 시작된 기술이다. 인공지능에 대한 탄생은 1950년 알랜 튜링(Alan Turing)의 논문인 〈컴퓨팅 기계 및 지능〉에서 언급되었으며, "과연 기계가 생각할 수 있을까?"라는 질문에서 비롯된 다양한 실험과 테스트를 통해 진행되었다. 이는 언어학과 관련된 아이디어를 활용하면서 철학적인 개념과 AI 역사에 중요한 부분으로 남아 있다. 이러한 인공지능은 1980년대까지 인간의 모든 지능이 기계에 부여될 수 있다는 믿음을 기반으로 여러 연구자들이 뛰어들어 전성기를 맞이하였다. 그러나 1980년대 이후 인간의 지능을 컴퓨터로 실현하기에는 무리가 있다는 의문이 제기되고 범용성의 한계로 인해 한동안 비주류로 취급되었다.

2000년대 캐나다 토론토 대학교에서 딥러닝 기술을 활용한 인간의 뇌를 닮은 심층신경망 훈련이 성공하게 되고, 컴퓨터 속도의 향상과 머신러닝 같은 기술의 도입으로 지난 20년간 인공지능은 커다란 진전을 보였다. 그 결과 이제 인공지능은 우리가 살고, 일하는 세상 전반을 이해하는 방식에 점점 깊숙이 스며들고 있다. 결국, 인

---

* 구글(Google)의 딥마인드(DeepMind Technologies Limited)가 개발한 인공지능 바둑 프로그램이다.

_∝ 알파고(AlphaGo) 2

공지능 기술의 미래는 사람들이 인공지능을 통해 무엇을 하기로 결정하느냐에 따라 크게 달라지겠지만, 이러한 기술이 인간의 도전 과제에 혁신을 불러올 것이라는 예측은 더욱 분명해지고 있다.

그렇다면 인간처럼 사고한다는 것은 무엇인가? 산업혁명이 이루어져 왔던 수많은 시간 동안 인간의 학습 능력, 고차원의 추론 능력, 자연어 이해 능력은 컴퓨터가 따라 할 수 없는 인간만의 사고 능력으로 여겼다. 하지만 인공지능 기술이 등장하면서 인간만이 지닌 사고 능력이라고 할 수 있는 것이 사라질 위기에 처했다.

인간을 완벽하게 흉내 낼 수 있는 인공지능은 법조계, 예술계, 의학계 등 다양한 곳에서 이미 활용되고 있다. 세계 유수의 로펌에서 사용되고 있는 인공지능 변호사는 인간 변호사보다 약 1만 배 빠른 속도로 법률 상담 일을 처리하고 있으며, 작곡가가 만든 것보다 뛰어나게 들리는 음악을 인공지능 컴퓨터가 작곡하기도 한다.

사실 우리는 인간만이 갖는 사고 능력 때문에 컴퓨터보다는 인간이 뛰어나다고 생각해왔다. 그런데 컴퓨터가 인간의 사고 능력을 대

[핵심 8대 분야별 인공지능의 사회적 영향] 3

구분	내용
교통	• 스마트 카 : 센서 및 자동화기술로 운전자의 안전함과 편안함 증대 • 자율주행 이동수단 : 자율주행자, 드론 등장으로 편리해진 생활 • 교통 계획 : 데이터 기반 최적화된 서비스 제공 및 교통 계획 수립 • 온디맨드교통 : 위치적합성 기반으로 승객과 기사를 연결해 효율성 증대 ⇨ 안전 증진, 시 · 공간 활용도 증가, 도시구조 변화
가정/서비스 로봇	• 진공청소기 : 집의 3D 모델링으로 보다 세밀해진 청소능력 • 가정용 로봇 : 의사소통 가능한 저가 로봇 상용화 ⇨ 서비스 품질 강화, 사람과 소통하는 로봇
의료	• 임상 현장 : AI 기반 진료진단으로 의사의 업무효율성 증진과 역할 변화 • 모바일 헬스 : 데이터 기반으로 환자 이상 상태 실시간 확인 ⇨ 의료서비스 품질 및 삶의 질 향상
교육	• 교사 로봇 : 놀이를 통한 배움 • 지능형 교육시스템과 온라인 학습 : 개인별 맞춤형 교육서비스 제공 • 학습 분석 : 온라인 강좌로 수집된 데이터를 학습 연구에 사용 ⇨ 맞춤형 교육, 온라인 학습 발전
빈곤지역	사회문제 완화 및 해결책 제시
공공안전 · 보안	예측형 치안유지 활동
고용 · 직장	직업의 생성 · 소멸, 역할 변화, 상품 및 서비스 생산비 절감
엔터테인먼트	참여적이고 개인 맞춤화된 양방향 엔터테인먼트

부분 따라 할 수 있게 된 지금도 인간이 컴퓨터보다 뛰어나다고 말할 수 있을까? 제4차 산업혁명을 통해 인공지능이 지금보다 더 발전되면 인간과 컴퓨터는 겉모습을 제외하고는 구별할 수 없게 될 수도 있다. 물론 영화에서처럼 컴퓨터가 인간의 사고능력을 앞지를 가능성도 있다.

2016년 3월, 한국고용정보원은 인공지능이나 로봇에 의해 대체될 가능성이 높은 혹은 낮은 직업군 리스트를 발표했다. 대체 가능성이 높은 직업은 콘크리트공, 정육원 및 도축원, 고무 및 플라스틱 제품 조립원, 청원경찰, 조세행정사무원 등의 순으로 나타났다. 이들 직업의 공통점은 단순 반복적이고 정교함이 떨어지며 사람들과 소통을 하는 일이 상대적으로 적은 일이라는 것이다. 우리가 흔히 '3D업종'이라고 부르는 직업군들이 많이 포함되어 있다. 일자리도 없는 시대에 젊은이들이 3D업종만은 기필코 피해 보려고 하는 모습을 비판하는 어른들이 많았다. 하지만 미래의 관점으로 볼 때 젊은이들의 3D업종 기피현상은 합리적인 선택이다. 현재의 예측결과만 보더라도, 당장 먹고살 일만 해결하기 위해 일은 힘들지만 단순 반복적인 일에 너무 매몰되어 버리면 미래에 살아갈 길을 찾기가 힘들어질 가능성이 매우 높기 때문이다.

반면 화가 및 조각가, 사진작가 및 사진사, 작가 및 관련 전문가, 지휘자, 작곡가, 애니메이터 및 만화가의 순으로 대체 가능성이 낮다는 결과가 나왔다. 이들 직업의 특징은 새로운 것을 만들어 내는 창조적인 직업이라는 것이다. 원래 있던 것을 똑같은 모양으로 복사, 복제해내는 능력은 인간이 로봇을 따라갈 수가 없다. 하지만 인간은 '오리지널리티(Originality)', 즉 '원본'을 창조해낼 수 있는 능력이 있다. 이는 로봇이나 인공지능이 절대 가질 수 없는 능력이다.

자동화 대체가 높은 직업 상위 20개 VS 자동화 대체가 낮은 직업 상위 20개		
콘크리트공	1	화가 및 조각가
정육원 및 도축원	2	사진작가 및 사진사
고무 및 플라스틱 제품조립원	3	작가 및 관련 전문가
청원경찰	4	지휘자 · 작곡가 및 연주가
조세행정사무원	5	애니메이터 및 만화가
물품이동장비조작원	6	무용가 및 안무가
경리사무원	7	가수 및 성악가
환경미화원 및 재활용품수거원	8	메이크업아티스트 및 분장사
세탁 관련 기계조작원	9	공예원
택배원	10	예능 강사
과수작물재배원	11	패션디자이너
행정 및 경영지원 관련 서비스 관리자	12	국악 및 전통 예능인
주유원	13	감독 및 기술감독
부동산 컨설턴트 및 중개인	14	배우 및 모델
건축도장공	15	제품디자이너
매표원 및 복권판매원	16	시각디자이너
청소원	17	웹 및 멀티미디어 디자이너
수금원	18	기타 음식서비스 종사원
철근공	19	디스플레이디자이너
도금기 및 금속분무기 조작원	20	한복제조원

자동화의 직업 대체 4

　지금까지의 내용을 보면, 예술과 같은 분야는 오랫동안 인간만이 할 수 있는 신성불가침 영역으로 여겨져 왔다. 하지만 미래에도 계속 유지될 수 있을 것인가? 우리가 오랫동안 예술을 인간만의 고유한 일이라고 생각해온 이유는 예술에는 영혼과 감정이 담겨야 한다고 믿어왔기 때문이다. 영혼과 감정이 없는 컴퓨터가 예술을 하는 것은 불가능한 일처럼 보일 것이다. 그래서 미래에 사라질 직업 리스트에서도 예술가들은 제외된 것이다. 그런데 정말 예술은 영혼과 감정이 있어야만 할 수 있는 것일까? 컴퓨터가 사람보다 예술을 잘하기는 불가능한 것일까?

작곡가 데이비드 코프(David Cope)는 "음악이란 영혼과 감정으로 만들어지는 것이 아니라 표절을 통해 만들어지는 것이다."라고 하였다. 이전 시대의 음악들을 머릿속에 흡수한 다음 그 음악들을 색다른 방식으로 섞으면 새로운 음악이 만들어지게 된다는 의미이다. 이러한 아이디어를 기반으로, 데이비드 코프는 컴퓨터에 수많은 음악들을 저장한 다음 저장된 음악들을 여러 방식으로 조합할 수 있는 컴퓨터 알고리즘을 개발하였다. 그것이 협주곡, 합창곡, 교향곡, 오페라 등을 작곡할 수 있는 컴퓨터 프로그램인 EMI(Experiments in Musical Intelligence)이다.

EMI는 하루에 바흐풍의 새로운 음악을 약 5,000개 정도 작곡해낼 수 있다. EMI가 놀라운 것은 하루에 창조해낼 수 있는 음악의 양뿐만이 아니다. 음악에 대한 우리의 오해는, 영혼과 감정이 없는 컴퓨터가 아무리 많은 곡을 만들어도 사람을 감동시키지는 못할 것이라고 생각하게 한다. 그러나 현재 수많은 사람들이 EMI가 작곡한 음악을 듣고 "감동받았다."라고 표현하고 있다. 오래전 EMI가 작곡한 곡과 고전시대 유명 음악가들이 작곡한 음악을 연이어 틀고 청중들에게 그중에서 어떤 음악이 사람이 만든 음악 같은지 선택하게 하는 실험을 진행한 적이 있다.

그 결과는 어떠했을까? 대부분의 청중들이 EMI가 작곡한 곡에 감동을 받았으며, 여러 곡 중에서도 가장 사람이 만든 곡 같았다고 대답하였다. 이처럼 정교한 컴퓨터 프로그래밍이 가능해지면서 위협을 느끼게 된 것은 작곡가들뿐만이 아니다. 또 다른 창조의 영역인

∞ 설계 기준 바흐 : 컴퓨터 작곡 음악 – 음악 지능 실험 5

'작문'도 위기에 처했다. EMI의 후속 모델은 작곡뿐만 아니라 시도 창조해낼 수 있도록 업그레이드되었으며 이는 데이비드 코프가 개발한 컴퓨터 알고리즘이 만든 시들은 아무런 사전 정보 없이 읽으면 사람이 썼는지 컴퓨터가 썼는지 분간하기 힘들 정도로 정교하다.

이처럼 인공지능이 가져올 미래예측은 완전히 틀렸다고 볼 수 있다. 로봇, 인공지능이 대체하기 힘들다고 판단한 직업 리스트에 오르지 않았던 예술가들도 곧 제4차 산업혁명으로 인해 일자리가 사라지는 위기를 겪게 될 것이다. 예술가들이 사라질 직업 후보에 오르게 되었다는 사실은 단지 예술 영역의 일자리가 대거 사라지게 된다는 것만을 의미하는 것이 아니다. 동시에 이것은 더 이상 인간만이 할 수 있는 고유한 일이란 존재하지 않는다는 것을 보여주기도 한다.

2. 자율주행 기술

자율주행차는 더 이상 공상 영화 속에나 존재하는 현실이 아니다. 이미 많은 기업들이 자율주행차 개발을 완료하고 도로 주행 테스트를 실시하고 있다. 포드, 아우디 등 전통적인 자동차 제조기업뿐만 아니라 소프트웨어 기업, 공유경제 서비스 기업 등 다양한 기업들이 자율주행차 개발에 앞장서고 있기에 우리는 곧 도로에서 자율주행차를 만날 수 있게 되었다.

세계 최대의 소프트웨어 회사인 구글은 2009년부터 자율주행차를 개발하기 위해 노력하였으며 이는 세계 최초로 자율주행차의 실제 도로 주행 실험을 진행하였다. 현재까지 구글의 자율주행차가 주행한 도로의 길이만 해도 321만 8,688km에 달한다. 자율주행차 시

◦⟨ 구글 자율주행차 6

장에서 구글의 핵심 역량은 자율주행 구현을 가능하게 하는 소프트웨어 기술에 있다. 개발 초창기에는 자율주행차에 탑재되는 소프트웨어만 구글에서 개발한 것을 사용하고, 차체는 토요타, 아우디, 렉서스의 것을 그대로 사용했었다. 하지만 2014년에는 구글이 자체적으로 차체를 개발하는 데에도 성공하였다. 그 후 구글의 자율주행차는 여러 도시들을 거치며 도로 주행 테스트를 거쳤다. 그 과정에서, 2016년에 차가 버스와 충돌하는 사고가 발생했다. 처음으로 자율주행차가 도로 주행에서 사고를 낸 사건이었다. 구글은 사고의 원인을 분석해가며 더욱 완벽한 자율주행차를 만들기 위한 노력을 거듭해오고 있으며, 자율주행차인 구글X 상용화를 목표로 개발하고 있다.

우버(Uber)*는 흔히 택시 회사로만 생각하고 있는 경향이 있다. 그러나 우버는 2015년에 택시 운전사들을 자율주행 기술로 대체하는 계획을 발표하고 현재 자율주행차를 개발 중이다. 인간이 운전하는 우버 차량은 인건비가 발생하며, 사고의 위험도 있다. 하지만 모든 우버 차량이 사람 없이 스스로 작동된다면 인건비가 거의 발생하지 않게 되면서 우버의 수익이 급증하게 될 것이다. 이러한 기대에서 우버의 자율주행차 프로젝트가 시작된 것이다. 우버는 자율주행차 기술 부문의 인재들을 대거 영입하여 자율주행차 프로젝트팀을 구성했으며, 이 팀 내부에서 완전 자율주행을 가능하게 만드는 소프트웨어를 자체적으로 개발하는 데 성공하였다. 구글과 마찬가지로 우버도 토요타, 볼보의 차체를 이용하고 그 안에 자체 개발한 소프트

---

* 2009년 3월 미국 캘리포니아주 샌프란시스코에서 창립된 운송 네트워크 회사 우버 테크놀로지스(Uber Technologies Inc.)가 운영하는 자동차 배차 웹사이트 및 배차 응용 프로그램이다. 자사 소속의 차량이나 공유된 차량을 승객과 중계하여 승객이 이용 요금을 지불하고, 그 회사에서 수수료 이익을 얻는 라이드 셰어링 서비스를 제공한다.

웨어를 탑재하여 자율주행차를 만드는 방식으로 개발 중이다.

현재 우버는 샌프란시스코, 토론토 피닉스, 피츠버그의 일부 지역에서 무인 우버 서비스를 실시하고 있으며, 2017년 11월, 볼보자동차로부터 자율주행차량 2만 4,000대를 구매하는 계약을 체결하였다. 그리고 볼보의 자율주행차에 이차적으로 우버에서 자체 개발한 자율주행 구현 소프트웨어를 탑재하여 최종 완성시켜, 이 차량을 택시로 활용할 계획이다. 많은 전문가들은 볼보-우버 간의 계약을 통해 자율주행차의 대량생산이 본격화되었다고 예측한다.

한국에 네이버가 있다면 중국에는 바이두가 있다. 2015년 중국 최대의 IT 기업인 바이두는 2020년 상용화를 목표로 자율주행차를 개발할 것이라고 발표하였다. 바이두의 강점은 엄청난 수의 데이터를 기반으로 하는 인공지능 기술에 있다. 이 기술을 활용한 바이두는 자체적으로 자율주행 구현에 필요한 소프트웨어 개발에 성공하였다. 그리고 중국 자동차 제조업체가 만든 차량에 바이두에서 자체 개발한 소프트웨어를 탑재하여 자율주행차를 만들어 내는 것에도 성공한 바이두는 2015년 12월 베이징의 고속도로 및 일반도로에서 자율 차량의 도로 테스트를 성공적으로 마쳤으며, 2016년 9월에는 캘리포니아주에서도 자율주행 테스트 허가를 취득했다. 2016년 11월에는 절강성 우젠에서 공개 시험 주행을 실시하고 200명의 승객이 자율주행 자동차를 경험하는 기회를 제공했다. 바이두는 다른 회사들과 마찬가지로 개발한 차량을 중국 도심에서 테스트하는 단계에 들어섰다. 또한 2017년 자체 개발한 자율주행차의 소프트웨어, 데이터 등을 모두 오픈소스로 제공하여 자율주행차 시스템을 구축하겠다는 '아폴로 프로젝트'*를 발표하여 큰 화제를 모았다.

그러나 2022년 하반기에 들어서면서, '완전자율주행기능(FSD)'기술에 대한 회의론이 불거졌다. 2016년 출범 초기부터 완전자율주행기능을 강조한 테슬라는 현재 자사 자율주행기술에 대한 실패를 인정했고, 포드와 폭스바겐의 합작사인 자율주행 스타트업 '아르고AI'는 문을 닫았으며, 운전대와 페달이 없는 레벨 5 수준의 자율주행차 출시는 보류되고 있다. 애플 역시 레벨 5 수준의 애플카를 2025년 출시 목표로 하였으나, 2026년으로 기한을 미루고 레벨 4(운대전와 페달 추가) 수준의 고속도로 한정 자율주행으로 목표를 수정하였다. 이러한 가운데 구글 웨이모와 GM 크루즈, 현대차그룹 등은 기술개발과 사업화에 박차를 가하고 있다. 로보택시 서비스의 확대, 자율주행 셔틀 운행 등 기술 상용화를 진행하고 있으며, 자율주행 배송 로봇 실증사업을 실시하고 있다.

아직은 도로에서 자율주행차 한 대 보기도 힘들지만, 2030년에는 도로에 다니는 차 10대 중 1대가 자율주행차일 것이라는 전망도 나오고 있다. 자율주행차가 상용화되면 도로 위 풍경이 지금과는 완전히 달라지게 될 것이다. 승객은 있지만, 기사는 없는 무인 택시도 다니게 되고, 1톤 규모의 화물차도 기사 없이 다니는 모습을 볼 수 있게 될 것이다. 또한 자율주행 기술은 새로운 직업을 창출하기도 하지만 기존의 직업들을 대거 사라지게 만든다.

특히, 택시 기사의 경우에는 2030년까지 반드시 사라지게 될 직업 13가지 중 하나로 꼽히기도 했다. 앞으로 자율주행차가 대중화된다면 과연 세상은 어떻게 바뀔지, 얼마나 편리한 생활이 가능할지

---

* 바이두의 아폴로 프로젝트는 차량 플랫폼, 하드웨어 플랫폼, 소프트웨어 플랫폼 및 클라우드 데이터 서비스를 포함하는 하드웨어 및 소프트웨어 서비스 솔루션을 제공한다.

상상하는 것으로도 즐겁다.

3. 사물인터넷(IoT)

사물인터넷 기술은 도로, 자동차, 하수도, 하물며 쓰레기통에 이르기까지 모든 사물이 인터넷에 연결되도록 만드는 기술을 말한다.

2008년 금융 위기 때 큰 타격을 받은 유럽 국가들 중 그리스, 이탈리아 등은 쉽게 침체된 경기를 회복하지 못하고 있는 반면, 스페인은 비교적 빠른 속도로 경제가 회복되고 있다.

특히, 스페인 바르셀로나가 찾은 경제 위기 타개의 비법은 사물인터넷(IoT : Internet of Things)에 있다. 사물인터넷의 정의대로 바르셀로나는 의회, 주차장, 가로등, 하수도 등 도시의 모든 '것'들에 인터넷을 연결시켰으며, 지금도 바르셀로나 시에서는 더 많은 것들을 인터넷에 연결시키기 위해 노력하고 있다. 그렇다면 사물인터넷을 통해 바르셀로나는 어떤 효과를 얻을 수 있었을까?

∝ 스페인 바르셀로나의 스마트시티 가로등 7

첫 번째, 에너지 효율의 향상이다. 바르셀로나는 가로등을 모두 LED 등으로 교체하여 전기 사용을 최소화시켰을 뿐만 아니라 보행자 감지 센서를 설치하여 보행자가 없을 때는 가로등이 저절로 꺼지도록 만들었다. 또한 도시공원에는 비와 습도를 실시간으로 모니터링하는 감지 센서를 곳곳에 설치하여 공원 분수의 물 사용을 최소화할 수 있도록 조치하였다. 이러한 방법으로 바르셀로나는 물 사용 절약만 연간 5,800만 달러, 전기 사용 최적화로 연간 3,700만 달러를 절약할 수 있게 되었다.

두 번째, 교통 기능의 강화이다. 바르셀로나 버스 정류장에서는 실시간 버스 위치 알림 기능, USB 충전 기능, Wi-Fi 존, 도시 정보 알림 기능 등을 경험할 수 있으며, 다양한 기능들을 추가하여 시민들이 버스를 지루하지 않게 기다릴 수 있는 환경을 구축하였다. 그리고 도시 내의 모든 주차 공간에 센서를 설치하여 시민들이 실시간으로 주차할 수 있는 곳을 찾을 수 있도록 지원하였다. 또한 아스팔트에도 자동차 감지 센서를 설치하여 도로에 불법 주정차하는 차량을 실시간으로 감시할 수 있도록 하였다. 그 결과, 바르셀로나는 연간 주차 수입으로 5,000만 달러를 벌어들일 수 있게 되었을 뿐만 아니라 도시의 교통 체증과 배기가스 배출도 약 20%가량 줄일 수 있었다.

세 번째, 쓰레기의 감소이다. 바르셀로나의 모든 가정은 쓰레기양을 실시간 감지·측정하는 쓰레기통에 쓰레기를 버려야 한다. 시에서는 이 시스템을 활용하여 각 지역의 쓰레기 총량이 얼마나 되는지, 어느 지역에 쓰레기가 가장 많은지를 실시간으로 확인할 수 있다. 또한 환경미화원들의 쓰레기 수거 경로를 최적화할 뿐만 아니라 폭발물과 같은 위험한 폐기물이 쓰레기통에 버려져 있는지 여부 또한 감지할 수 있다. 그 결과 바르셀로나는 길거리에서 쓰레기를 찾아보기 힘든 청정 도시로 거듭나게 되었다.

바르셀로나의 사례는 우리에게 제4차 산업혁명이 어떠한 미래를 가져오는지에 대해 알려주고 있다. 사물인터넷을 통해 바르셀로나는 매년 엄청난 규모의 세금을 절약하게 되었고, 도시 내에 사물인터넷이 구현되면서 약 4만 7,000개의 신규 일자리가 창출되었다고 한다. 이 사례를 보면 제4차 산업혁명의 문제점으로 일자리 감소가 항상 언급되는데, 바르셀로나는 예상하지 못한 결과를 가져오고 있는 것이다. 전문가들은 앞으로 10년 동안 스페인 바르셀로나가 사물인터넷을 통해 약 36억 달러(약 5조 원)의 가치를 창출해 낼 것이라고 예측한 바 있다.

사물인터넷은 도시뿐만 아니라 우리의 일상도 완전히 바꿔놓게 될 것이다. 우리의 신체가 인터넷 연결이 가능한 통신칩과 신체 정보 수집을 할 수 있는 각종 센서들로 연결되면 병원에 가지 않고도 건강 상태를 실시간으로 확인할 수 있게 된다. 따라서 사물인터넷은 원격진료를 활성화시킬 것이다.

지금은 우리 몸에 이상이 없는지 확인하려면 반드시 병원에 방문해서 조직검사, 혈액검사 등을 받아야 한다. 하지만 앞으로는 검진을 받기 위해 병원에 갈 필요가 없다. 환자가 자신의 집에서 셀프로 몸의 이상 여부를 측정할 수 있기 때문이다. 혈당 센서, 심장 박동 센서, 혈압 센서 등 우리 몸의 변화를 실시간으로 측정할 수 있는 각종 바이오 센서들이 집약된 웨어러블 기기도 곧 출시될 예정이다. 이 기기를 몸에 차고 있으면 실시간으로 신체의 이상 여부가 측정되며, 우리 몸에 이상이 발견되면 기기에 수집된 건강 정보를 의사에게 전송하여, 더욱 확실한 진단과 약 처방 등을 받을 수 있게 된다.

때문에 제4차 산업혁명 시대에는 진료를 받기 위해 한 시간씩 병원에서 무료하게 기다리지 않아도 될 것이다.

이미 사물인터넷은 우리의 일상생활 곳곳에서 사용되고 있으며, 편리한 생활을 지원하는 훌륭한 도구의 역할을 하고 있다. 앞으로 사물인터넷을 이용한 다양한 플랫폼, 데이터 저장소, 보안시스템, 새로운 소프트웨어 등이 개발되면 비현실적인 많은 일들을 현실에서 경험할 수 있을 것이다.

4. 3D 프린팅

3D 프린터는 3D 형태로 결과물을 출력해주는 프린터이다. 3D 프린팅 기술은 '적층 가공 기술'이라고도 하는데, 적층이란 소재를 층층이 이어 쌓는다는 의미이다. 출력 대상의 3D 입체도면을 전송하면, 그 도면을 다시 가로 방향으로 아주 얇게 자른다. 이렇게 잘린 도면 하나가 하나의 '층'이 되고, 3D 프린터는 소재를 녹여 대상물을 층층이 출력해낸다. 집에 있는 프린터로 공을 인쇄하면 입체감이라고는 전혀 느낄 수 없는 동그라미가 출력된다. 하지만 3D 프린터로 공을 인쇄하면 동그라미가 아니라 진짜 구형의 공이 인쇄된다. 3D 프린팅 기술은 우리 눈에 보이는 대로 사물을 입체적으로 출력할 수 있게 만들어주는 혁신적인 기술이라고 할 수 있다.

3D 프린팅으로 출력할 수 있는 것은 아주 다양하다. 맞춤형 신발, (사람이 실제 거주 가능한) 집, 자동차, 신체 일부 등을 3D 프린터를 통해 실물 크기로 출력할 수 있다. 한동안 3D 프린터는 빛이나 열에 녹는 열가소성 플라스틱만을 소재로 활용할 수 있었고, 한

정적인 소재 때문에 활용도가 굉장히 제한적이었다. 하지만 3D 프린팅 기술의 비약적인 발전에 따라 플라스틱뿐만 아니라 금속, 세라믹, 장기 복제가 가능한 바이오 소재, 그래핀, 합금, 음식 인쇄가 가능한 식재료 소재 등도 활용할 수 있게 되었다.

전 세계 수천 개의 기업들이 3D 프린터를 경쟁적으로 개발하고 있는 탓에 3D 프린터의 가격은 점점 더 저렴해지고 있다. 3D 프린터가 지금 여러분의 가정에 있는 프린터만큼 저렴해진다면 사회는 어떻게 변하게 될까?

오랜만에 쇼핑을 하기 위해 인터넷을 켰다. 여성의류 디자인을 판매하는 여러 쇼핑몰을 둘러보다가 마음에 드는 원피스 한 벌을 발견하였다. 결제하고 쇼핑몰에서 3D 프린터로 바로 출력이 가능한 원피스 디자인 파일을 다운받았다. 우리 집 3D 프린터에 오늘 구매한 디자인을 전송하니 10분 만에 새 옷이 만들어졌다.

지금은 위의 이야기가 많이 낯설게 느껴질 수 있다. 하지만 이제 제4차 산업혁명 시대에 현실이 될 수 있는 '사실적인' 이야기이다. 많은 전문가들은 3D 프린터가 대중화되면 인간의 삶이 크게 바뀔 것이며, 3D 프린터는 많은 변화를 가져올 것이라고 말한다.

3D 프린터의 장점은 무엇일까? 우선, 3D 프린터가 대중화되면 개인들은 옷, 식재료, 가전제품 등 필요한 것을 자급자족할 수 있게 된다. 바로 인쇄 가능한 디지털 디자인 도안만 있으면 집에서 필요로 하는 물건들을 만들어 낼 수 있는 것이다. 이는 곧 거래비용의 최소화와 연계된다. 지금 우리가 필요한 물건을 구하는 방식을 한번 생각해보자. 필요한 것이 생기면 일단 인터넷 검색을 하고, 마음에 드는 상품을 파는 여러 판매처를 꼼꼼히 둘러본 다음에 한 곳에서 구매를 최종 결정한다. 그리고 배송이 될 때까지 며칠 정도 기다

려야 한다. 이러한 소비 방식은 검색 비용, 배송 비용 등 여러 비효율적인 비용을 야기한다. 하지만 3D 프린터가 집집마다 한 대씩 놓이게 되면 이런 비용들이 완전히 사라지게 될 것이다. 필요한 것을 검색할 필요도, 기다릴 필요도 없이 바로 집에서 만들어 낼 수 있게 되는 것이다. 이렇게 물건의 소비방식이 바뀐다면 환경은 어떻게 바뀔 것인가?

오랫동안 환경을 오염시켜온 주범은 바로 '과잉생산'이었다. 수요보다 공급이 지나치게 많은 과잉생산 방식은 환경을 오염시키는 엄청난 양의 쓰레기를 만들어 냈다. 3D 프린터는 개인이 필요한 만큼만 소량 생산하는 것을 가능하게 하는 도구이기 때문에 3D 프린터가 대중화된다면 환경오염의 큰 원인인 과잉생산을 중단시킬 것이다.

의료산업에서는 3D 프린팅에 대한 기대가 매우 크다. 지금의 장기 이식은 다른 사람의 장기를 사용하기 때문에 많은 부작용을 야기한다. 그러나 환자 자신의 장기를 복제하여 이식할 수 있다면 장기 교체가 갖는 부작용은 최소화될 것이다. 최근 바이오 3D 프린터가 개발되면서 환자 본인의 장기를 이식받는 일은 현실이 되었다. 바이오 3D 프린터는 바이오 잉크를 활용하여 환자의 장기 세포를 완벽하게 복제해내는 기기이다. 아직 3D 프린터를 활용한 장기 복제는 아직 연구 중이지만, 뼈, 피부, 혈액은 이미 3D 프린터로 완벽하게 복제가 가능한 수준이다.

3D 프린터를 통해 '아무것이나' 쉽게 만들 수 있다는 것은 새로운 문제점도 야기시킨다. 바로 개인 무기 생산이 가능하다는 점이다. 지금은 개인이 무기를 구매하기 어렵고, 여러 인증 절차를 거쳐 '합법적'으로 무기 보유를 승인받아야 한다. 그러나 3D 프린터가 대중화된다면 개인들은 집에서 아주 쉽고 간단하게 무기를 출력할 수 있

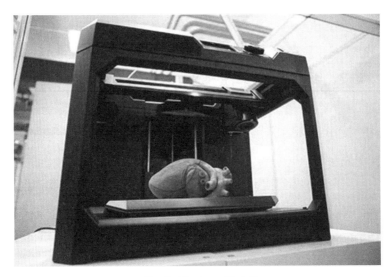

⚛ 바이오 3D 프린터 8

게 된다. 그렇게 된다면 '총기 안전지대'라고 불렸던 대한민국도 더 이상 총기로부터 자유롭지 못하게 될 수 있다. 또한 3D 프린터가 대중화되면 많은 일자리들이 사라지게 될 것이라는 전망이 크다. 제일 먼저 타격을 받게 되는 것은 미숙련, 노동집약적 일자리들이다. 다시 말하자면, 옷 디자인에 따라 재봉틀을 박는 사람들, 컨베이어 벨트에서 제품 조립을 하는 사람들과 같이 비교적 단순하며 반복적인 일을 하는 사람들은 모두 3D 프린터로 인해 일자리를 잃게 된다는 의미이다. 이로 인해 사회의 양극화 문제가 더 심화될 가능성도 배제할 수 없다.

5. 지능형 로봇

로봇은 우리에게 꽤나 익숙한 존재이다. 버튼을 누르면 소리가 나는 장난감도 로봇의 일종이고, 조종키로 운전을 할 수 있는 RC카도 로봇의 일종이다. 이 로봇들은 사람이 버튼이나 조종키를 통해 작동을 시킬 때만 소리를 내거나 움직일 수 있다. 또한 이 로봇들은 주어진 명령만 반복적으로 수행할 수 있을 뿐 스스로 상황을 판단하는 능력은 없다. 반면에, 지능형 로봇은 사람의 조종 없이도 혼자서 움직일 수 있으며 스스로 상황을 판단할 수 있는 능력을 갖추고 있다. 지능형 로봇은 어디에 쓰이냐에 따라 생김새가 다르다. 기계 형태의 지능형 로봇도 있고 애완동물 형태도 있으며, 최근에는 사람의 형태를 한 지능형 로봇까지 만들어지고 있다.

로봇 시장에서는 노령인구의 증가와 개인 맞춤형 서비스에 대한 욕구 증대로 헬스케어, 생활안전 등 삶의 질을 높이는 '서비스 로봇'의 수요도 증가하고 있다. 국제로보틱스연맹(IFR : International Federation of Robotics)*은 로봇 시장의 가치를 2020년에는 149억 달러(약 20조 원)로 전망하였으며, 오는 2025년에는 669억 달러(약 89조 5,000억 원)에 달할 것으로 전망하고 있다.

세계 각국의 로봇 선진국은 현재 보급화된 제조용 로봇뿐만 아니라 재난 구조용 로봇에도 개발투자를 진행하고 있다. 미국 방위고등연구계획국(DARPA : Defense Advanced Research Projects Agency)**은 2011년 후쿠시마 원전사고를 계기로 로봇을 재난현장

---

* 1987년에 설립되어 전 세계 로봇 산업을 홍보, 강화 및 보호하는 전문 비영리 단체이다.
** 미국 국방성의 연구, 개발 부문을 담당하고 있으며 인터넷의 원형인 ARPANET을 개발하였다.

에 투입하여 재난대응 및 구조작업을 수행하기 위해 'DRC(DARPA Robotics Challenge)' 개발 프로젝트를 추진하고 있다. 일본은 아베 총리의 신산업혁명 연설9을 통해 성장전략의 핵심 정책으로 '로봇 혁명 실현 회의'* 를 출범했으며, 제조용 로봇 경쟁력을 바탕으로 서비스 로봇 육성을 적극 지원하고 있다. 주요 정책으로는 재해대응, SOC 인프라, 의료(간병) 등 3대 로봇산업을 중점으로 육성하며, 지능형 로봇기술 SW, 생활지원 로봇개발 프로젝트를 진행하고 있다.

우리나라는 5대 분야별로 개발 수요 및 성장성이 높은 서비스 로봇을 선정하여 로봇 기업, 주요 수요처의 공동 개발을 추진하고 있

⤳ 일본의 인공지능로봇 '페퍼' 10

---

* 일본 정부가 로봇 활용 정책 및 산업 육성을 논의하기 위해 출범한 회의로, 2014년 9월에 출범하였다.

다. 또한 주요 수요처를 대상으로 테스트 베드(Test-Bed) 제공 및 트랙레코드(Track Record) 확보 지원 사업을 진행하고 있다. 특히, 화재, 지진 등 재난 문제에 적극적으로 대응하기 위하여 재난·안전로봇을 개발하고 있다. 이로 인해 2021년에는 경북 및 기타 지방자치단체 소방본부를 중심으로 시범 적용하고, 전국의 소방본부 및 119 구조본부 등으로 확산할 계획이다.

6. 빅데이터

빅데이터는 단순하게 대용량 자료(Big Data)를 의미하는 것이 아니다. 빅데이터란 조직의 내외부에 존재하는 다양한 형태의 데이터를 수집, 처리, 저장하여 목적에 맞게 분석한 후 유의미한 지식을 추출하여 이를 조직의 전략적 의사결정에 활용하거나 비즈니스 모델 개선 등에 활용하는 행위를 포괄적으로 가리키는 용어이다. 정리하자면, 빅데이터는 다양한 형태의 데이터를 분석하는 것을 말한다. 데이터 분석은 빅데이터라는 말이 떠오르기 전부터 존재해왔으며, 빅데이터라는 개념은 제4차 산업혁명 시대를 맞이하여 새롭게 탄생한 단어가 아니다.

빅데이터는 기존의 데이터 분석 방법과 비슷한 점이 많다. 그러나 기존의 데이터 분석에서는 텍스트 형식의 정형화되고, 비교적 양도 적은 데이터를 활용했다면 빅데이터는 자료의 양이 매우 많고 정형화된 데이터뿐만 아니라 그림, 동영상, 목소리, 위치 등 비정형화된 데이터까지 분석의 대상으로 간주한다는 점에서 차이가 있다.

'빅데이터'라는 용어가 출현하게 된 것은 우리 사회에 이전과는 차원이 다른 대규모의 데이터가 발생하고, 사진이나 영상 등과 같은 비정형 데이터가 엄청난 양으로 축적이 이루어졌기 때문이다. 실제로, 개인들의 활발한 SNS 활용으로 사진이나 영상 등과 같은 비정형 데이터가 폭발적으로 축적되었을 뿐만 아니라 M2M(Machine to Machine)* 확산에 따라 센서 데이터도 엄청난 양으로 증대되었다. 또한 멀티미디어 콘텐츠의 사용이 폭발적으로 증가함에 따라 콘텐츠 이용기록, 컴퓨터 접속 기록 등과 같은 로그 데이터가 매우 증가하였다. 저장매체의 가격이 크게 하락하면서 새롭게 만들어진 대용량의 비정형 데이터들을 저장하는 것이 어렵지 않게 되었고, 이 데이터들을 기반으로 하여 새로운 데이터 분석이 대두되었는데, 이것이 바로 '빅데이터'이다.

빅데이터 기술은 제4차 산업혁명 시대, 아직 다가오지 않은 시대의 핵심 기술이기는 하지만 우리의 삶에 이미 깊숙이 개입되어 있는 기술이다. 도로를 점검할 때도 빅데이터 기술을 쓰고 있고, 개인이 선호하는 옷을 만드는 데도 빅데이터 기술이 사용된다. 또한 영화나 드라마의 흥행을 사전 예측할 때에도 빅데이터 기술이 활용되는데, 이처럼 빅데이터 기술이 갈수록 많은 분야에서 활용되는 것은 빅데이터 기술의 정확도 때문일 것이다. 빅데이터 기술은 데이터를 기반으로 결론을 도출하기 때문에 인간의 직감보다 훨씬 정확하게 어떤 현상을 예측할 수 있다. 지금까지는 인간이 미래를 예측하는 것은 역사적으로 불가능하다고 믿어 왔다. 그러나 빅데이터 기술을 통해

---

* 물건(기계)과 물건(기계)이 모든 통신 수단(네트워크)을 이용해서 서로 연결되는 구조를 지칭한다. PC나 서버라는 정보 기기만이 아니라, 가전이나 자동차, 센서 등 온갖 물건이 네트워크로 연결되어 자율적으로 통신하는 기능을 가져, 서로 연결된 물건끼리 사람을 개입시키지 않고 정보교환을 실시하여 자동적으로 제어를 행하는 구조이다.

서, 역사적 한계를 딛고 모든 것을 정확하게 예측할 수 있는 사회가
다가올 수 있을 것이다.

7. 기술 적용사례

1) 미국 보스턴 시의 도로 수리법

시민들의 안전을 보장하기 위해서는 파손된 도로를 찾아 사고가
일어나기 전에 보수해 놓는 것이 중요하다. 최근까지 보스턴에서
는 파손된 도로를 파악하기 위해서 시 직원들이 차를 타고 시 전체
를 돌아다니며 점검하는 방식을 활용했다. 하지만 이런 방법은 효율
적이지 못했다. 보스턴은 큰 도시로 차를 타고 도로를 둘러보기에는
많은 인력이 필요했으며, 도로 파손에 대한 빠른 대응이 불가능했
다. 따라서 보스턴 시에서는 도로 파손 확인에 필요한 인력과 예산
을 절감하고 빠르게 대처하기 위하여 새로운 방법을 모색하였다.

보스턴 시와 미국의 벤처회사 애터비스타가 함께 개발한 '스트리
트범프(Street Bump)'[11] 앱은 운전자의 스마트폰을 이용해 도로 노
면 파손 구간을 자동으로 감지하고, 그 위치를 보스턴 시 도로 관리
국에 데이터로 전송한다. 이 앱은 차 내부의 가속도계를 이용하여
도로 파손을 자동으로 감지하는 방식이다. 가속도계의 변화가 특정
한계치를 넘어서면, 휴대폰이 이를 감지하고 변화가 발생한 시점부
터 약 1.25초간의 가속도 변화 정보를 저장한다. 저장된 정보는 가
속도계의 변화가 발생한 지역의 GPS 정보와 짝지어지고, 이를 활용
해 도로 파손이 발생한 지역을 찾아낸다. 한편, 차 안의 가속도계를

변화시킬 수 있는 요인은 다양하므로 최소 세 명 이상의 사람들이 자신들의 스마트폰을 통해 동일 장소에 대한 도로 파손 정보를 전송하면 그 도로가 정말로 파손된 것으로 분석한다.

가속도계의 변화를 바탕으로 도로 파손이 감지되면 파손된 장소와 규모 등이 보스턴 시의 데이터베이스에 저장된다. 보스턴 시는 이 정보를 처리하여 어느 곳에 도로 파손이 발생했는지 보여주는 지도를 만든다. 그리고 그 지도를 바탕으로 복구 계획을 세우고 실시간으로 복구 작업을 진행한다. 이 앱을 활용하여 보스턴 시는 이전보다 빠르고 효율적으로 도로 파손을 감지하고 이에 대처할 수 있게 되었다.

또한 수집된 데이터를 종합한 결과 도로 파손의 가장 큰 원인은 움푹 파인 맨홀 뚜껑이라는 사실을 발견했다. 이 분석 결과를 활용하여 도로가 더 파손되기 전에 맨홀 뚜껑들을 전부 수리하였다. 결과적으로 보스턴 시의 도로 사정이 개선되면서 시민들의 편의가 증대되었다.

스트리트범프 앱 12

2) 서울시 심야버스 노선 최적화

서울은 밤이 되면 더욱 붐비는 도시가 된다. 늦은 밤이 되어도 택시, 버스, 지하철 등 대중교통을 이용하려는 사람들이 많지만 버스, 지하철에는 막차 시간이 있다. 이러한 교통 문제를 해결하기 위해 서울시는 심야버스인 '올빼미버스'*를 운영하고 있다.

서울시에서 운영하는 올빼미버스는 서울 시내에 지하철과 버스가 끊기는 자정부터 오전 5시까지 운행되는 버스이다. 서울시에 늦은 시간까지 돌아다니는 사람들이 아무리 많다고 해도 주중 시간대 버스 승객 수와는 비교할 수 없을 정도로 그 수가 적다. 버스의 수익성은 승객 수로 결정되는데, 심야 시간대 특성상 올빼미버스는 수익성이 나쁠 수밖에 없다. 수익성이 낮은 만큼 서울시는 최소의 비용으로 서울 시내 전역을 돌아다닐 수 있는 버스 노선 구축을 원했다. 따라서 서울시는 KT와 협업하여 심야버스 최적화 노선을 구축하는 데 필요한 빅데이터를 분석하였다. 그 결과의 바탕으로 현재의 올빼미버스 노선이 만들어지게 되었다. 그렇다면 심야버스의 최적화 노선을 구축하기 위한 빅데이터는 어떻게 분석했을까?

혹시 이 글을 읽고 있는 독자들은 늦은 시간에 귀가할 때 가족, 친구 혹은 연인에게 전화를 걸어서 '이제 출발한다.'고 말한 경험이 한 번쯤은 있을 것이다. 이런 상황이 서울시가 심야버스 노선 구축을 위해 어떤 '빅데이터'를 활용할 것인지 결정할 때 시초가 되었다. 서울시에서는 늦은 시간에 귀가할 때 사람들은 집이나 주변 지인들에게 전화를 거는 습관이 있다는 것에 착안하여 자정부터 오전 5시까

---

* 서울시가 자정부터 새벽 5시까지 운행하는 심야 전용 버스로 2013년 4월, 2개 노선으로 시범운행을 시작해 그해 9월부터 9개 노선으로 확대 운영되었다. 새로 신설되는 심야 노선에는 밤(Night)을 뜻하는 N이 붙는다.

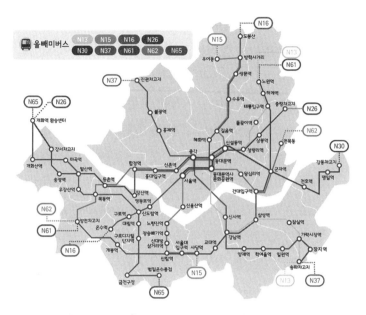

올빼미버스 노선도 13

지 서울 시내에서 발생한 통신 데이터들을 분석했다. KT를 올빼미
버스 노선 구축의 파트너로 삼은 이유도 그들이 갖고 있는 통신 데
이터를 활용하기 위함이었다. 그런 다음 가장 많은 통신 데이터가
기록된 지역들을 선별하여 올빼미버스 노선에 포함시켰다.

이처럼 철저히 수요자 관점에서 버스 노선이 구축된 것은 서울시
의 올빼미버스가 최초일 것이다. 그 이전까지는 승객들의 편의는 배
제한 채 버스 회사 마음대로 노선이 구축되었다. 올빼미버스를 시
작으로 서울 시내버스 노선은 빅데이터를 활용하여 보다 '수요자 중
심'으로 변하게 된 것이다.

3) 바이오 3D 프린터

제4차 산업혁명 시대에 고령화 추세와 함께 바이오산업은 빠르게

성장하고 있다. 바이오산업은 지금도 꾸준히 성장하고 있지만 다가올 제4차 산업혁명 시대에 바이오 산업은 지금과는 크게 달라질 것이다. 미래 사회에는 사람이 지금보다 훨씬 오래 살지만, 저출산으로 인구는 계속 줄어들 것이다. 따라서 제4차 산업혁명에 맞는 완전히 새로운 의료 패러다임이 필요하다.

새로운 패러다임에서 장기는 고쳐 쓰는 것이 아니라 바꿔 쓰는 것이 될 것이다. 현재 이것을 가장 효율적으로 가능하게 만드는 것이 바이오 3D 프린터이다. 우리나라에서는 의료 솔루션 업체 로킷(ROKIT)이 자체적으로 바이오 3D 프린터와 바이오 잉크를 개발하였고, 효율성과 가격 경쟁력 측면에서 아주 뛰어난 바이오 프린터를 만들어 냈다. 로킷의 3D 프린터는 하나의 기기로 FDA 승인을 받은 5가지 바이오 재료들을 모두 출력해 낼 수 있다는 강점이 있다. 현재 5가지 재료를 한 기기에서 출력해 낼 수 있는 기기는 로킷의 프린터가 유일하다. 또한 로킷의 프린터는 해외 선도 기업의 프린터보다 90% 저렴하다는 강점이 있다.

ᜆ 로킷 바이오 3D 프린터 인비보 14

4) 사람의 마음을 읽어내는 생체 컴퓨터

제3차 산업혁명의 핵심이었던 컴퓨팅 기술은 제4차 산업혁명 시대에도 여전히 활발하게 사용되고 있다. 하지만 우리가 흔히 알고 있는 '컴퓨터'와는 외양부터 작동법까지 모든 부분이 지금과는 크게 달라질 전망이다. 모니터, 키보드, 마우스 등이 구식이 되어버리는 시대를 상상할 수 있는가? 제4차 산업혁명 시대에는 생체 컴퓨팅 기술이 급격히 발전하게 되면서 아직까지는 필수적인 컴퓨터 부품들이 쓸모가 없어지게 될 수도 있다.

2017년, 한 공개 석상에서 페이스북의 CTO는 페이스북 내에 60명의 엔지니어로 구성된 생체 컴퓨터 개발팀이 존재한다는 사실을 밝혔다. 인간의 마음을 읽어 자동으로 타이핑을 하고, 마우스를 움직이는 뇌 기반 컴퓨터를 개발하고 있는 중이라고 선언한 것이다. 이러한 뇌 컴퓨터를 만들기 위해 1초에 백 번 정도 뇌를 스캔할 수 있는 '광학 촬상(Optical Imaging)'* 기술을 활용하고 있다. 광학 촬상으로 인간의 뇌를 스캔하고, 스캔 결과를 통해 마음속으로 인간이 말하고 있는 바를 감지해낸 다음 이를 텍스트로 번역하는 것이 뇌 컴퓨터의 작동 원리이다.

생체 컴퓨터가 바꿀 세상은 어떠할까? 스티븐 호킹(Stephen William Hawking) 박사가 컴퓨터를 통해 자신의 의견을 전달하는 모습을 본 적이 있다. 스티븐 호킹 박사는 불치병으로 인해 사지를 거의 움직일 수 없었다. 그럼에도 세상을 놀라게 할 만한 연구 결과를 발표할 수 있었던 것은 생체 신호를 인식한 후 이를 텍스트로 변환하는 컴퓨팅 기술이 있었기 때문이었다. 이처럼 생체 컴퓨터 기술

---

* 빛을 활용하여 인간의 신체를 스캔하는 기술이다.

은 완전히 새로운 기술이 아니라 이미 우리 곁에 존재해왔던 기술이다. 하지만 현재의 생체 컴퓨터는 뇌의 신호를 감지할 수 있는 '생체칩'을 이식해야만 작동할 수 있다. 이런 방식은 안전적 측면이나 비용적 측면에 있어서 큰 장벽이 있었다.

그러나 페이스북이 개발할 생체 컴퓨터는 칩을 이식하지 않아도 작동이 가능하다. 덕분에 진입 장벽 없이 많은 사람이 쉽게 활용할 수 있는 기술이 될 전망이다. 이 기술이 실현화된다면 제일 먼저 혜택을 받게 되는 것은 바로 안전약자인 장애인들일 것이다. 대부분의 장애인은 평범한 사람들처럼 사고할 수 있음에도 불구하고 마땅한 표현의 도구가 없어서 사회에서 격리되어 왔다. 생체 컴퓨터가 만들어진다면 이들은 실시간으로 자신의 의사를 컴퓨터를 통해 전할 수 있게 되며, 장애인들의 활발한 사회 참여가 가능해질 것이다.

물론, 생체 컴퓨터로 인해 일반 사람들도 큰 혜택을 볼 수 있다. 생체 컴퓨터가 실현화되면 타이핑 속도가 기존의 5배 이상으로 향상될 것이라고 한다. 지금 우리는 떠오르는 생각을 갈무리한 다음에야 타이핑을 시작한다. 하지만 생체 컴퓨터가 만들어지면, 컴퓨터가 알아서 우리 마음을 읽고 즉각적으로 그 내용을 타이핑해주기 때문에 타이핑 속도가 크게 향상될 수 있다. 이렇게 되면 다른 사람들과의 실시간 소통이 더욱 강화될 뿐만 아니라, 머릿속에 떠오른 영감이 타이핑을 하는 도중 사라지는 경험을 하게 될 일도 더 이상 없을 것이다.

그러나 인간의 뇌를 읽어내는 생체 컴퓨터는 한편으로 찜찜한 기분이 든다. 혹시 생체 컴퓨터가 만들어지면 들키고 싶지 않은 내면의 목소리까지 컴퓨터가 다 읽어내는 것은 아닐까? 페이스북은 이 질문에, "페이스북의 뇌 컴퓨터는 모든 생각을 읽어내는 것이 아니다. 당신이 이미 공유해도 된다고 허락한 생각들만 읽어내는 것이다."라고 답변했다. 아직까지 페이스북의 생체 컴퓨터는 공개되지 않았기 때문에 페이스북의 답변이 정말 사실인지는 판단할 수 없다. 생체 컴퓨터는 의사를 표현하지 못해 불편함을 느끼는 장애인들을 생각하면 개발을 장려해야 할 기술인 것 같지만 사생활 보호 차원에서는 지극히 조심히 다루어야 하는 기술인 건 사실이다.

02
제4차 산업혁명의 미래

제4차 산업혁명의 특징은 많은 정보를 주고받을 수 있는 인터넷의 통신속도, 주고받는 정보 범위, 정보가 미칠 영향력 등이 있다. 그렇다면, 이러한 특징들은 우리에게 어떠한 영향을 미칠 수 있을 것인가?

1. 기술발전의 속도

제4차 산업혁명의 진입단계에 들어서 있는 우리는 이때까지 인류가 경험해 보지 못했던 엄청나게 빠른 속도의 기술 발전을 경험하고 있다. 인터넷 통신속도를 세대별 발전 단계로 보면 전화 통화만 하던 시절의 1G 시대, 문자를 주고받을 수 있었던 2G 시대, 사진 등의 화상정보를 송수신할 수 있었던 3G 그리고 동영상을 송수신할 수 있는 현재의 4G 시대 그리고 2018년 동계 올림픽부터 시험적으로 활용하고 가상현실까지 주고받을 수 있는 5G(5세대, 5 Generation)시대가 시작되었다. 현재의 4G 시대의 인터넷 통신속도는 최소 1Mbps(Mega bits per second) 최대 75Mbps이지만 5G시대의 인터넷 통신속도는 최소 100Mbps 최대 20Gbps(Giga bits per second)까지 가능하다고 한다. 즉, 5G시대의 인터넷 전송속도는 4G시대보다 무려 200배 이상 빨라진다고 한다. 영화 한편을 1초에 다운받을 수 있는 속도이다.

미래학자 리처드 버크민스터 풀러(Richard Buckminster "Bucky" Fuller)*는 인류가 가진 지식의 총량(All of Human Knowledge)이 비약적으로 늘어나리라 예측한 바 있다. 그가 발표한 '지식 두 배 증가 곡선'에 따르면 현재 13개월마다 인류 지식의 총량이 두 배로 증가하며, 그 주기는 점점 짧아지고 있다. 13개월의 주기가 최대 12시간으로 단축될 것으로 보인다. 지식의 폭발, 이른바 지식의 빅뱅은 우리가 지금까지 단 한 번도 경험하지 못한 사건이다. 인류의 지식 총량은 과거에는 10년간 2배로 확대되었지만 2030년의 지식 총량은 3일에 2배로 확대된다는 의미이다. 한마디로 모르는 것이 없는 세상이 제4차 산업혁명을 통하여 가능하게 될지도 모른다.

지식 두 배 증가 곡선의 원칙에 따라서 인류의 지식 총량이 급속하게 확대된다면 제품과 서비스의 수명주기 또한 빨라지게 될 것이

---

* 리처드 버크민스터 "버키" 풀러(Richard Buckminster "Bucky" Fuller, 1895. 7. 12~ 1983. 7. 1)는 미국의 건축가 · 작가 · 디자이너 · 발명가 · 시인이자 멘사의 두 번째 회장을 역임했다.

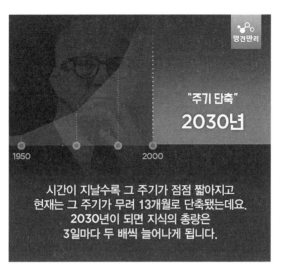

시간이 지날수록 그 주기가 점점 짧아지고
현재는 그 주기가 무려 13개월로 단축됐는데요.
2030년이 되면 지식의 총량은
3일마다 두 배씩 늘어나게 됩니다.

지식 2배 증가 곡선 15

므로 산업혁명의 주기도 급속하게 단축될 것이다. 현재 IT 제품들의
PLC(Product Life Cycle)*를 보면 6개월이 안 되는 경우도 흔하게
접할 수 있다.

2. 산업변화의 범위

와해성 기술(Disruptive Technology)**은 산업 간의 장벽을 없애
고 전 산업에 걸쳐 서로 통합되고 융합될 것이다. 과거의 산업 경쟁

---

* 제품수명주기를 말한다.

** 와해성 기술(Disruptive Technologies : Riding the Wave) 또는 와해성 혁신은 업계를 완
전히 재편성하고 시장 대부분을 점유하게 될 신제품이나 서비스를 지칭한다. 초기에 핵
심 시장이 요구하는 성능 조건을 만족시킬 정도로 우수하지 않지만, 파괴적 혁신 기업
들은 더욱 매력적인 수익 마진을 추구하면서 자체적인 존속적 개선 경로를 따라 공격적
으로 고급 시장에 진출한다.

력은 자원, 시설, 장비 등의 하드웨어가 대부분이었지만 제4차 산업혁명이 진행될수록 정보 및 지식자원이 경쟁력의 원천이 될 것으로 보인다. 기업들은 전혀 다른 기업들과 정보 및 지식자원을 통합된 인터넷을 통하여 신속하게 공유할 수 있게 될 것이다.

과거에는 기업을 경영하는 지능형 플랫폼이 대외비로 관리되면서, 하나만의 제품 혹은 서비스 상품만을 개발하고 생산하여 고객에게 공급하였다. 그러나 제4차 산업혁명이 진행될수록 하나만의 플랫폼은 경쟁력이 취약해지므로, 2개 이상 다수의 플랫폼을 통합하거나 융합해야만 경쟁력을 확보할 수 있게 된다. 미래의 고객의 욕구(Wants)와 니즈(Needs)는 제품 혹은 서비스를 구분하지 않고 동시에 요구할 것이기 때문이다. 이러한 제품과 서비스 간 혹은 산업 간 통합 및 융합을 활용하여 얼마나 고객의 욕구와 니즈를 충족할 수 있을 것인가? 이러한 질문에 답을 할 수 있는 기업은 미래의 제4차 산업혁명의 시대에서도 경쟁력을 확보할 수 있게 될 것이다.

자동차의 경우를 보면 과거에는 빠르고 튼튼한 자동차가 경쟁력을 결정하는 중요한 기준이었다. 그러나 이제는 대부분의 자동차 관련 기업들의 기술적인 상향 평준화로 경쟁력에 대한 차별화가 어렵다. 현재의 자동차의 경쟁력은 빠르고 튼튼함이 아니라 자율능력을 보유한 자동차로 빠르게 변하고 있다. 자동차의 경쟁력은 자율주행이라는 서비스와 융합되어야만 한다는 의미이다. 자율주행 자동차를 운행하려면 수백 가지 혹은 수천 가지 이상의 수많은 무선 기술, 센서기술, 인공지능기술, 자동제어기술, 기계기술들이 서로 융합되어야 한다. 그러나 이것만으로는 부족하다. 자율주행 자동차를 타고 가면서 멀리 떨어져 있는 사람들과 혼합 현실(MR : Mixed

Reality)*을 활용하여 자동차 속을 회의실로 바꿀 수도 있고 사무실 환경으로 바꾸어 업무를 볼 수도 있게 될 것이다. 심지어는 자율주행 자동차에서 음식을 주문해, 식사도 할 수 있을 것이다.

미래의 현실에서 일어날 수 있는 사례이다. A씨는 자율주행 자동차를 이용하여 아침 일찍 공항으로 이동하면서 차량 내부를 회의실과 같은 분위기로 바꾸고, 외국의 바이어를 호출하여 회의를 진행한다. 회의를 진행하다 보니 아침을 먹지 않았던 것이 생각나서 곧장 원하는 음식을 주문하였다. 주문한 음식을 요리해 먹으면서 회의를 하다 보니 공항에 도착하였다. 이 시나리오는 아직은 공상의 세계이지만, 제4차 산업혁명이 진행되면서 머지않은 미래에 실현될 수 있는 흔한 광경이 될 것이다. 즉, 제4차 산업혁명은 제품과 서비스 그리고 모든 산업들이 서로를 통해 영향을 주게끔 작용한다. 이는 산업 전체를 한순간에 뒤엎고 현존하는 산업들이 순식간에 사라지게 되며 새로운 산업들이 나타날 수 있을 것이다.

3. 기술의 융합

제4차 산업혁명은 '디지털혁명(제3차 산업혁명)에 기반하여 물리적 공간, 디지털적 공간 및 생물학적 공간의 경계가 희석되는 기술 융합의 시대'라고 정의된다. 즉, 제4차 산업혁명의 시대에서는 기술과 기술, 산업과 산업의 독립적인 연결고리가 깨지게 되고 그 경계가 없어지게 될 것이며, 새로운 산업 분야가 출현하게 될 것이다.

---

* 혼합 현실(混合現實, MR : Mixed Reality) 혹은 혼성 현실(Hybrid Reality)은 가상 세계와 현실 세계를 합쳐서 새로운 환경이나 시각화 등 새로운 정보를 만들어 내는 것을 말한다.

물리적 공간의 융합은 매우 빠르게 발전하고 있는 인터넷 통합으로 물리적 공간의 의미가 없어지는 효과를 의미한다. 현재는 홀로그램 기술을 사용하여 물리적 공간의 융합이 실현되는 초기 단계에 있다. 모든 인터넷을 통합할 수 있는 기술을 사용하여, 물리적 공간을 융합할 수 있는 시대가 이미 시작되고 있다는 것이다.

다음은 2017년 12월에 개봉된 영화 〈스타워즈 라스트 제다이〉에 나오는 한 장면이다. 우주의 한쪽 끝에 있는 주인공이 우주의 중심에 있는 어둠의 지도자와 전투를 벌이는 장면이 나온다. 이 전투장면은 다른 공간에 떨어져 있는 두 사람이 마치 한 공간에서 전투를 하는 듯한 착각을 주며, 물리적 공간을 초월하는 장면이다. 이러한 사례는 기술이 극도로 발전된 미래의 상상된 모습이지만 지구라는 한정된 장소라면 머지않은 미래에 실현 가능한 물리적 공간의 융합 기술일 수도 있다.

디지털 공간의 융합은 가상의 공간을 물리적 공간과 혼합하여, 동일하게 활용할 수 있는 것을 의미한다. 디지털 기술로 창조된 가상현실(VR : Virtual Reality)*의 공간, 실제의 공간과 가상공간이 서로 조화를 이루는 증강현실(AR : Augmented Reality)** 그리고 가상현실과 실제 공간을 혼합할 수 있는 혼합현실(MR : Mixed Reality)은 디지털 공간 융합 기술의 결과물이다. 혼합현실이 발전된 모습은 위에서 말한 〈스타워즈 라스트 제다이〉의 전투장면과 매우 유사하다.

---

* 컴퓨터 등을 사용한 인공적인 기술로 만들어 낸 실제와 유사하지만, 실제가 아닌 어떤 특정한 환경이나 상황 혹은 그 기술 자체를 말한다.
** 실제로 존재하는 환경에 가상의 사물이나 정보를 합성하여 마치 원래의 환경에 존재하는 사물처럼 보이도록 하는 컴퓨터 그래픽 기법이다.

외국에 살고 있는 가족과 대화하는 장면을 상상해 보자. 가상현실에서는 가족이 내 눈앞에서 홀로그램으로 나타나서 대화를 나누는 것이고, 증강현실에서는 가족이 더욱 세밀한 모습과 동작으로 내 앞에서 나와 대화를 나눌 수 있게 될 것이다. 아주 먼 미래의 기술이지만, 이미 우리는 가상, 증강, 혼합의 현실을 초기 단계에서 경험하고 있다.

생물학적 공간은 인간의 생명과 관련된 바이오산업과 헬스케어 산업 등의 분야에서 급속하게 발전되고 있다. 사람과 동물들의 신체 일부나 특정한 장기들을 성장시킬 수 있는 기술들은 이미 실험단계에 있으며, 일부 분야에서는 이미 실용화되고 있다. 가까운 미래에는 불치의 암들이 사라지게 될 것이고 심지어는 인공지능의 단계를 넘어서 인공두뇌까지도 가능할 것이다. 제4차 산업혁명이 시작되면서 생물학적 융합의 시대는 더 빠른 속도로 우리 곁에 다가오고 있다.

03
제4차 산업혁명의 난제

제4차 산업혁명에는 장단점이 있다. 제4차 산업혁명의 장점은 명확하다. 신기술의 끊임없는 등장으로 제4차 산업혁명 시대의 인류는 역사상 가장 많은 것을 누리게 될 것이다. 하지만 제4차 산업혁명의 단점도 명확하다. 기술의 의도와 규제를 확실하게 정해놓지 않는다면 불법 총기 소지, 총기 사고 등과 같은 사회적 문제를 야기할 가능성도 매우 높다. 또한 기술이 인간의 노동력을 대체하면서 발생하는 일자리 감소, 불평등한 소득분배에 따른 양극화는 우리가 극복해야 할 문제이다. 따라서 앞으로 우리는 제4차 산업혁명의 장점은 극대화하고 문제점은 최소화할 수 있는 방법을 찾는 데 많은 시간을 투자해야 할 것이다.

'제4차 산업혁명'이라는 단어가 한국사회 전체의 화두가 된 지 벌써 5년이 지났다. 그동안 정부는 '지능정보사회 종합대책'을 발표하고 '제4차 산업혁명위원회'를 출범하는 등 여러 가지 대응책을 내놓았다. 하지만 여전히 우리는 개념적 논쟁을 넘어 구체적인 전략 마련과 실천 단계로 나아가고 있는지 의구심을 갖는다. 지난 반세기동안 우리는 추격 전략을 통해 선진국의 정책을 빠르게 스캔하고 도입하는 방식에 익숙해 왔다. 그 결과 주어진 문제, 특히 선진국이 이미 경험한 문제를 빠르게 다른 방식으로 해결하는 역량은 최고 수준이지만, 새로운 담론을 제기하거나 우리 시각에서 재해석해보는 경험의 시간은 부족하였다.

오늘날 한국 사회가 직면한 위기는 스스로의 본질적인 고민과 문제를 스스로 정의하지 못하는 데서 출발한다. 이른바 '탈추격'으로의 전환을 부르짖지만, 한국적 맥락에 대한 성찰이 부재한 채, 여전히 그 출발부터 한계를 드러내고 있다. 제4차 산업혁명은 언제 실현될지, 어떤 영향을 미칠지, 모든 것이 불확실하지만 거대한 사회경제적 환경변화에 대한 사회적 대응 과정에서 우리나라의 역량을 극명하게 보여주게 될 것은 분명하다. 또한 위기를 극복하고 새로운 길을 창출할 수 있는지에 대한 갈림길이 될 것이다.

1. 일자리의 감소

제4차 산업혁명의 가장 심각한 문제점으로 지적되는 것은 바로 '일자리 감소 문제'이다. 앞으로 인간의 일자리는 인공지능, 지능형 로봇, 빅데이터 기술 등의 발전으로 지금보다 기계화와 자동화가 완벽히 이루어지면서 급격하게 줄어들 것이라는 전망이다.

제4차 산업혁명을 '인류에게 주어진 새로운 기회'라고 예찬하는 사람들은 '일자리 감소 문제'가 그렇게 심각한 사회적 문제가 아니라고 지적한다. 제4차 산업혁명 신기술들로 인해 우리가 알고 있는 일자리들 대부분이 사라지게 되는 것은 맞지만, 그만큼 새로운 일자리가 만들어질 것이라는 이유이다. 이 또한 틀린 말은 아니다. 제4차 산업혁명으로 인해 데이터 사이언티스트(Data Scientist)*와 같은 새로운 일자리들이 많이 생겨날 것이다. 하지만 제4차 산업혁명으로 인해 줄어든 일자리만큼 새로운 일자리가 생겨나지는 않을 것이다. 그리고 결과적으로 제4차 산업혁명 시대에는 많은 사람들이 일자리 감소로 인한 실업을 경험하게 될 것이다.

대한민국은 고령화와 저출산으로 인구가 줄어들면서 제4차 산업혁명으로 일자리가 감소해도 괜찮다고 생각하는 사람들도 많을 것이다. 그러나 지금 우리가 살고 있는 시대는 세계의 우수한 인재들과 우리나라의 일자리를 두고 경쟁해야 하는 시대이다. 우리나라의 인구가 감소하더라도, 세계적으로 보았을 때 인구가 증가한다면 한정된 일자리를 두고 벌이는 경쟁은 지금보다 훨씬 치열해질 것이다. 안타깝게도, 우리나라와는 달리 세계 인구는 2050년까지 100억 명을 향해 계속 증가할 것이다.

골드만삭스의 사례를 살펴보자. 골드만삭스가 정점을 찍던 2000년, 대형 고객들의 주문에 따라 주식을 사고팔던 골드만삭스의 트레이더는 약 600명 정도였다. 하지만 〈MIT Technology Review〉(2017)에 따르면 현재 골드만삭스에 고용된 트레이더 수는 고작 2명뿐이다. 나머지 598명의 트레이더를 대체한 것은 자동화

---

* 수많은 데이터 속에서 트렌드를 읽어내어 부가가치가 높은 결과물을 도출해내는 일을 담당한다. 대량의 빅데이터를 관리하고 분석하여 사람의 행동패턴이나 시장 경제상황 등을 예측한다.

된 트레이딩 시스템이다. 골드만삭스뿐만 아니라 월가의 대표적인 투자은행들은 앞다투어 업무 전 분야에 자동화 시스템을 도입하고 있다. 그 결과, 트레이더로 살아남는 것은 하늘에 별 따기 수준으로 어려워지고 있다.

오랫동안 투자은행의 트레이더는 쉽게 대체 불가능한 직업으로 여겨졌다. 전문적인 금융 지식이 많이 있어야만 가능했기 때문이다. 하지만 인공지능, 빅데이터 기술로 무장한 트레이딩 자동화 시스템으로 인해 이것들은 모두 옛말이 되어버렸다.

반대로, 투자은행은 인력 감축으로 인해 발생한 엄청난 이윤으로 남몰래 웃음 짓고 있다. 연봉에 보너스까지 모두 합했을 때, 투자은행 직원 1인당 인건비는 약 5억 원 정도였다. 자동화 시스템 도입으로 비싼 인건비를 발생시키는 직원들을 대거 해고할 수 있게 되었고, 투자은행들은 인건비를 엄청나게 절약할 수 있었다.

제4차 산업혁명이 초래하는 '일자리 감소'는 많은 이들을 실업 상태로 내몰 수 있는 아주 심각한 문제임에 틀림없다. 우리는 이를 대비해야 한다. 예를 들어, 실업수당을 확대 지급하고 기본소득제 실행 등도 심각하게 고려해야 한다.

2. 양극화 심화

앞서 말했던 골드만삭스 사례에서 주식 트레이딩을 자동으로 해주는 시스템을 도입하는 대신 기존 600명의 트레이더 중 598명을 해고하고, 끝내 버텨낸 2명의 트레이더는 예전과 비교했을 때 하는 일이 크게 달라지거나 늘어나지 않았는데도 수입이 2배 이상 증가

했음을 알 수 있었다. 그 이유는 성과급을 2명이서만 나누게 되었기 때문이었다. 대규모 해고가 이루어지기 전에는 남은 2명의 트레이더는 성과급의 600분의 1 정도밖에 받지 못했지만, 해고가 이루어진 다음에는 성과급의 50%를 독점하게 되면서 수입이 급증하게 된 것이다.

이처럼 제4차 산업혁명 시대에는 '승자 독식 구조'가 지금보다 훨씬 견고화되면서 양극화가 그 어느 때보다 심각해질 것이다. 일반적으로 CEO와 일반 직원의 임금 격차는 354배 이상인데, 제4차 산업혁명이 시작된다면 이 격차는 얼마나 더 벌어지게 되겠는가.

CEO는 제4차 산업혁명 시대의 유망 직업 중 하나이다. 제4차 산업의 핵심키워드는 불확실성과 빠른 변화 속도이고, 이럴수록 CEO의 판단 능력과 의사결정 능력이 더 중요해진다. 그리고 CEO의 임금은 역사적으로 단 한 번도 감소한 적이 없다. CEO의 임금은 매해 평균적으로 458%씩 증가해왔으며, 이러한 증가는 제4차 산업혁명 시대에도 계속될 것으로 예측된다. 반면, 1998년까지 일반 노동자들의 평균 임금은 감소했다. 전반적으로 보면 일반 근로자의 임금은 매년 0.83%씩, 아주 미세한 수준으로 증가했을 뿐이었다. 문제는 제4차 산업혁명 시대에 들어 일반 노동자들의 임금이 다시 감소세를 보일 확률이 높다는 것이다. 왜냐하면 인공지능, 빅데이터, 자율주행 기술, 지능형 로봇 등 제4차 산업혁명 기술들에 의해 대부분의 일자리가 대체될 것으로 전망되기 때문이다.

앞에서도 얘기했듯이 일반적으로 CEO와 일반 노동자들의 평균 임금은 300배 이상 정도의 격차를 보인다. 제4차 산업혁명이 가속화되어 CEO의 임금은 인상되고 일반 노동자들의 임금은 감소하게 된다면, 임금 격차는 300배를 훨씬 웃돌게 될 것이다. 임금 격차가 갈수록 커진다는 것은 빈부격차가 심해진다는 것을 의미한다.

제4차 산업혁명을 맞이하는 지금, 하루빨리 빈부격차를 해소할 대책을 찾아야 할 것이다. 《사피엔스》의 저자 유발 하라리(Yuval Noah Harari)*는 "다가올 미래는 역사상 가장 불평등한 사회가 될 가능성이 크다."라고 말했다. 우리는 암울한 예측이 현실이 되지 않도록 지금부터 기본소득, 실업수당 확대 지급 등의 빈부격차 해소 방법을 고민해야만 한다.

3. 무분별한 기술 오용

우리나라는 세계에서 총기 규제가 가장 엄격한 나라 중 한 곳이다. 엄격한 총기 규제 때문에 예나 지금이나 우리나라 범죄자, 조직 폭력배 등은 총이 아닌 칼이나 몽둥이 같은 도구를 사용한다. 그러나 제4차 산업혁명으로 새로운 기술이 등장하면서 여러 기술 오용이 생기기 시작했다.

3D 프린터는 총을 인쇄할 수 있다. 즉, 3D 프린터의 등장으로 '한국은 총기 규제가 엄격한 나라'라는 영광스런 호칭이 옛말이 될 수도 있다. 현재 3D 프린터로 인쇄된 총들은 모두 플라스틱 소재로 만들어진 수준이다. 가장 먼저 대중화가 이루어진 3D 프린터 소재가 플라스틱이기 때문에 대부분의 3D 프린터 출력물은 플라스틱이다. 그리고 플라스틱만으로는 정교한 총기를 만드는 데 한계가 있다. 그래서 아직까지는 3D 프린터로 출력한 총기의 정교함과 위험성이 그

---

* 유발 노아 하라리(Yuval Noah Harari, 1976. 2. 24~)는 이스라엘의 역사학 교수이며 베스트셀러 《사피엔스》, 《호모 데우스》의 저자이다.

금속 재료로 만든 권총의 등장 16

리 높지 않다. 어떤 연구에서는 "현재 3D 프린터 총기의 수준이 총을 맞는 사람보다는 총을 쏘는 사람을 다치게 만들 확률이 높다."라고 표현하기도 했다.

그러나 안심할 수는 없는 이유는 금속 3D 프린터에 관한 연구가 활발히 이루어지면서, 언젠가는 금속 3D 프린터의 가격도 저렴해질 수 있다는 것이다. 앞으로 10~20년 뒤에는 금속 3D 프린터도 플라스틱 3D 프린터와 더불어 대중화될 것이라는 전문가도 있다. 그렇게 된다면 개인의 불법 총기 소지와 총기 사고는 우리나라에서도 심각한 사회문제로 대두될지 모른다.

4. 로봇세

지능형 로봇은 우리의 삶을 앞으로 더 편리하게 만들 것이며 동시에 우리의 삶을 지금보다 힘들게 만들 수 있다. 제조업 공장에서는

140 │ 재난과 인공지능

이미 빠른 속도로 인간 노동력을 지능형 로봇으로 대체하고 있다. 앞으로는 제조업뿐만 아니라 농업, 서비스업 등에서도 활발한 로봇 도입이 이루어지게 될 것이다. 그렇게 된다면, 현재 우리는 일자리를 놓고 사람끼리 경쟁하고 있지만, 미래 사회에는 로봇과도 경쟁을 벌여야 하는 날이 올지도 모르겠다.

최근 제4차 산업혁명으로 인해 많은 사람이 실직하는 것을 예방하기 위해 로봇세(Robot Tax)를 도입하자는 주장이 존재한다. 로봇세란 '사람이 하는 일을 로봇으로 대체하는 경우 로봇이 생산하는 경제적 가치에 대해 로봇을 소유한 사람이나 기업에 부과하는 세금'을 말한다. 지금도 매년 많은 기업이 인력을 감축하고 그 자리를 로봇, 인공지능 등으로 대체하고 있다. 로봇세 논의가 시작된 원인은 다음과 같다.

첫째, 대규모 실직으로 인한 세수 감소의 우려 때문이다. 제4차 산업혁명이 본격적으로 시작되면 현존하는 일자리 중 80% 이상이 사라지게 될 것이라고 한다. 즉, 제4차 산업혁명이 시작되면 생산 가능인구의 80% 이상이 실직 상태에 놓일 수 있다는 것이다. 현재 전체 세금 수입의 80%는 노동자들이 납세하는 소득에서 발생한다. 제4차 산업혁명으로 많은 사람이 일자리를 잃게 되면 그만큼 정부의 세금 수입은 크게 줄어들게 된다. 세금은 정부가 운영될 수 있는 원동력인데, 최악의 상황에서는 정부가 식물 상태에 놓일 정도로 세금 수입이 감소할 수도 있다. 이러한 고민에서 로봇세를 도입하자는 의견이 제시되었다. 인간 노동자가 월급을 받고 하는 일을 대신하는 로봇에게 일정한 금액의 세금을 물어 부족한 국가 세금 수입을 메우자는 것이다.

둘째, 대규모 실직으로 인한 사회적 혼란을 사전에 방지해야 한다는 것이다. 알파고와 이세돌의 대결로 우리는 앞으로 모든 분야에서 인간이 로봇을 당해내기는 어렵다는 교훈을 얻었다. 모든 분야에 인간 대신 로봇을 활용하게 되면 앞으로 인간들이 설 수 있는 자리는 점점 줄어들게 될 것이며, 영화 〈아이로봇〉에서처럼 로봇이 인간에게 대항하는, 로봇이 주도권을 잡는 세상이 올 수도 있을 것이다. 그리고 국가 경제를 이끄는 중요한 한 축은 '소비'인데 실업자 수가 급증하게 되면 당연히 국가 경제도 침체될 것이다. 이러한 우려에서 로봇세를 도입하여, 인간 대신 로봇을 고용하는 것을 마이너스 요인으로 만들자는 논의가 발생했다.

　그러나 현재 로봇세를 반대하는 사람도 많으므로, 로봇세 도입에는 시일이 더 걸릴 것으로 보인다. 로봇세 도입을 반대하는 사람들이 주장하는 이유는 다음과 같이 크게 4가지 정도로 요약할 수 있다.

　첫째, 로봇에 의한 자동화는 고용시장에 큰 영향을 미치지 않을 것이다. 로봇 도입으로 인해 일부 사람들은 일자리를 잃게 되겠지만 그만큼 새로운 일자리가 만들어질 것이다. 예를 들면, 로봇의 생산성을 관리하는 관리자 같은 일은 결국 인간이 수행해야 한다. 만약, 요즘같이 생산성이 감소하는 시기에 함부로 로봇세를 도입했다가는 국가 전체의 생산성이 감소할지도 모른다.

　둘째, 세금 부과 대상인 로봇이 어떤 것인지, 결정에 어려움이 있다. '로봇'의 정의를 두고 끝나지 않은 법적 공방이 오갈 수도 있으며 로봇세 도입으로 인한 세수 증가분을 '로봇' 정의를 둘러싼 사회적 갈등을 해결하는 비용으로 모조리 사용하게 될 수도 있다.

　셋째, 로봇세가 도입되면 생산 비용이 올라가 제품의 가격이 오르게 된다. 전 세계에 일괄적으로 로봇세를 부과하지 않고 일부 국가만 선택적으로 로봇세를 도입한다면 해당 국가의 기업들은 세계시장에서 가격 및 생산성 측면에서의 경쟁력을 잃게 될 것이다. 그리고 로봇세를 회피하기 위해 국내 기업이 해외로 이전하는 일도 발생하게 되면, 국가 경쟁력도 실추될 것이다.

마지막으로 대규모 실직으로 인해 줄어드는 세금 수입은 회사세, 자본세 등으로 충당할 수 있다. 로봇 도입으로 회사의 생산성이 크게 향상된다면 회사의 수익이 증가할 것이다.

현재로선, 로봇세 도입에 대한 찬반 논의만 활발히 이루어지고 있어 로봇세가 부과되고 있지는 않지만 머지않아 인간이 세금을 내듯이 로봇이 세금을 내는 날이 올지도 모른다.

04
재난안전 메가트렌드

'메가트렌드(Megatrend)'란 사전적 의미로는 '시대의 커다란 흐름 또는 추세'라고 정의를 내릴 수 있다. 이 말은 원래, 1982년에 출간된 미국의 미래학자 존 나이스비트(J. Naisbitt)의 저서 《Megatrends》에서 유래한 단어로서, '현대 사회에서 일어나고 있는 거대한 조류'를 메가트렌드라고 말한다.

현대 사회는 모든 것이 이전에 비해 훨씬 더 빠른 속도로 변하고 있고, 불확실성의 정도와 범위 또한 점점 더 커지고 있다. 사람들에게 가장 싫어하는 단어를 꼽으라고 하면, 불확실성은 반드시 들어갈 것이다. 따라서 누구나 불확실성을 줄이기 위해 끊임없이 노력하고 있고, 이런 노력을 하는 개인과 기업이 남보다 앞서가는 것은 당연하다. 이때 불확실성을 줄이는 노력 중의 하나가 트렌드를 찾아내고, 그에 맞춰 나가는 일이다. 따라서 메가트렌드를 잘 읽고 있다면, 이미 남들보다 크게 유리한 위치에 서 있다고 할 수 있다.

　재난안전 메가트렌드는 재난과 안전에 관련된 자원, 인구, 기후변화 등 앞으로 우리에게 닥칠 미래에 관한 장기전망이다. 이런 장기전망 예측은 과거부터 많이 이루어졌으나, 그 예측들은 거의 빗나갔다. 예측의 대부분은 "이대로 가면 큰일 날 것이다."라는 사회문제를 제기할 목적이며, 센세이셔널한 결론을 강조하려는 것이었다. 그러나 여기서 제시하는 메가트렌드는 위기감을 필요 이상으로 조장하거나, 단순히 전문 분석기관의 결과를 소개하고자 하는 것이 아니다. 핵심 의도는 재난과 안전에 지대한 영향을 미치는 메가트렌드를 명확히 파악함으로써, 앞으로 우리들이 직면하게 될 재난의 문제를 제4차 산업혁명을 통해 기회로 만들고자 하는 것이다.

1. 인구 증가 및 메가시티

　인구 증가는 현재 우리가 직면해 있는 재난과 가장 밀접하게 속해 있는 문제이다. 2019년 기준 약 77억 명에 이르는 세계 인구는 아시아와 아프리카 지역의 인구급증으로 2050년경에 이르면 약 1.5배 증가한 100억 명에 이를 예정이다. 지역별·국가별 인구구성의 변화를 살펴보면, 선진국의 인구는 감소 또는 안정되는 한편, 소위 신흥국과 아프리카 각국의 인구는 대폭 증가하고 있다.

　인구의 많고 적음의 문제뿐만 아니라, 각국 내에서의 인구구성 변화는 국가경제에 큰 영향을 미치게 된다. 신흥국에서는 경제활동인구가 전체 인구에서 차지하는 비율이 증가하는 '인구 보너스' 상태이기 때문에 사회의 활력은 증대된다. 그러나 2025년에는 급격히 현역인구가 감소하는 '인구 오너스 시기'에 돌입해 버리기 때문에, 이를 어떻게 지혜롭게 넘어갈 것인가가 중요한 과제가 될 것이다. 따라서 인구가 증가한다는 이유만으로 신흥국 시장을 평가할 것이 아니라 인구동태까지 고려하는 것이 대단히 중요하다. 신흥국의 사회기반시설이 미비한 경우, 거대도시로의 인구와 자본의 집중은 재난관리체계에 심각한 부담으로 작용할 수 있다. 지금도 자국 내의 인구이동은 극심한 가난과 전쟁, 자연재난과 같은 재난으로 이어지고, 감염병의 확산에도 악영향을 초래하고 있다.

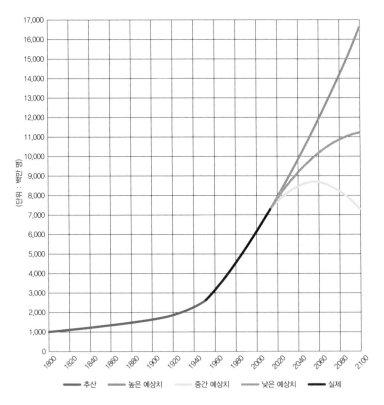

1800~2100년 사이의 세계 인구 변화 추이 17

그 외에도 우리는 미래의 재난에 무수히 노출되어 있다. 선진국은 인구 구조적 측면에서 2050년까지 60세 이상 노령인구가 전체 인구의 1/3을 차지하게 된다. 노령인구는 감염병과 같은 재난에 취약해 그 심각성이 매우 크며, 노인 교통문제도 사회적으로 큰 이슈가 될 것이다.

한편, 미래국가는 도시로의 인구이동으로 메가시티(Mega-City)가 될 것이다. UN의 분석에 의하면, 도시에 거주하는 인구비율은 1950년에 30%(8억 명)이었던 것이, 현재는 약 50%(33억 명)이다. 2025년에는 57%(45억 명), 2040년에는 인류의 약 63%(50억 명)가 도시에 거주할 것으로 예상된다. 도시 인구 증가는 90% 이상이 신흥국·개발도상국에서 이루어지며, 특히 아시아에서는 많은 메가시티가 출현할 것이다. 한편으로는 BoP(Bottom of Pyramid)*의 인구증가에 따른 문제점은 점점 더 커지며, 나아가 자원 및 식량의 쟁탈전 또한 한층 격렬해질 것으로 보여 우려되지 않을 수 없다.

2. 자원고갈 및 에너지

천연자원을 둘러싼 싸움은 이전부터 중요한 문제였다. 최근 인류는 지구환경으로부터 영향을 받거나 영향을 미치는 존재에서 지구환경의 영향을 관리하려고 하는 단계에 이르렀다. 따라서 앞으로 자원·에너지 활용에 있어서 한정된 자원의 쟁탈전이 격렬해짐과 동시에 자원의 지속성 관리 및 대체자원의 개발·실용화가 가속될 것

---

* 세계 인구 피라미드 하층부에 있는 저소득층 40억 명을 말한다.

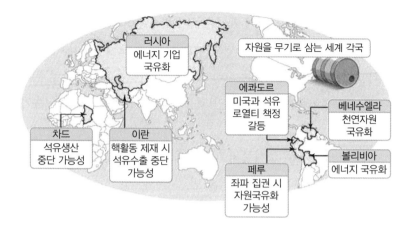

⚯ 세계 각국의 자원 내셔널리즘 18

이다. 국제에너지기구(IEA)는 세계의 에너지 수요가 2040년 시점에 2010년에 비해 33% 증가할 것으로 예측하였는데, 이것은 인구 증가분(+28%)을 상회하는 것이다. 이론적으로 자원고갈은 아직 일어나지 않았다 하더라도, 이를 예상한 싸움은 이미 본격화되고 있으며, 이것은 '자원 내셔널리즘'*의 문제가 심각하다는 뜻이다.

수자원 부족 상황은 2025년까지 18억 명이 물 부족 지역에서 생활하게 되지만, 현재 수자원은 1인당 식량을 생산하는 양조차 부족한 실정이다. 특히, 북부 아프리카 및 남부 아프리카, 남아시아 그리고 중앙아시아에서는 지금보다 23억 명 증가한 인구가 거주하게 될 것이며, 인구의 40%는 심각한 물 부족을 겪게 될 것으로 보인다.

결과적으로 2050년까지 전 세계에서 2억 4,000만 명 이상이 수자원 부족을 겪게 된다는 것이다. 한편, 물 수요를 충족시키기 위해

---

* 자원에 대한 주권 주장과 그에 대한 민족적인 이익을 확보하려는 정책을 말한다.

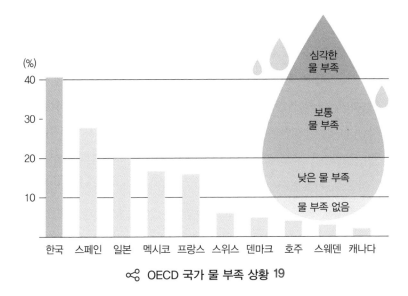

(%)

심각한
물 부족

보통
물 부족

낮은 물 부족

물 부족 없음

한국 스페인 일본 멕시코 프랑스 스위스 덴마크 호주 스웨덴 캐나다

⊰ OECD 국가 물 부족 상황 19

서는 수자원을 농업 이외의 용도로 돌릴 수밖에 없고, 그렇게 되면 식량은 수입에 의존하게 된다. 이렇듯 물 문제는 식량문제로 모습이 바뀌며, 자원을 둘러싼 각축전은 앞으로 다양한 형태로 격렬해질 것이다.

3. 환경오염, 기후변화 및 생태계

대기오염은 조기 사망을 유발하는 세계 1위의 사회재난 요인이 될 것이다. 특히, 아시아의 일부 도시는 대기오염 농도가 세계보건기구의 안전 수치를 이미 크게 넘어섰다. 2050년까지 미세먼지 노출로 인한 조기 사망자 수는 전 세계에서 매년 2배 이상 증가하여 36억 명에 이를 전망이며, 그 대부분이 중국과 인도에서 일어날 것이다. 또한 유해화학물질 노출과 관련된 질병은 화학물질 안전조치가 여전히 불충분한 OECD 비회원 국가에서는 더욱 심각하다. OECD 국가들은 화학물질의 인체 노출에 대한 평가가 진전을 이루고 있지만, 아직 건강상의 영향에 대한 지식은 제한된 수준이다.

최근 들어, 기후변화에 대한 노력은 선진국뿐만 아니라 전 세계적으로 전개되어 가고 있다. 그러나 실제상황은 빠르게 변화하고 있다. 앞으로 기후변화는 더 파괴적으로 변하여, 2050년까지 온실가스의 대기 중 농도는 685ppm에 달할 수 있다. 그 결과, 지구의 평균온도 상승은 "산업혁명 이전 수준 대비 2℃ 이내로 제한한다"[20]는 국제적으로 합의된 목표를 초과하여, 세기말까지 3℃ 내지 6℃ 오를 것이다. 따라서 칸쿤 합의에서 국가들이 약속한 온실가스 감축 행동만으로는 지구 평균 온도 상승을 2℃ 이내로 막기에는 역부족이다. 2℃ 한계치를 초과하면 강수량 추이가 변하고, 빙하와 영구 동토층의 해빙이 증가하여, 해수면 상승이 일어나며 기상이변의 강도와 빈도가 더욱 심화될 것이다. 이것은 사람과 생태계의 적응력을

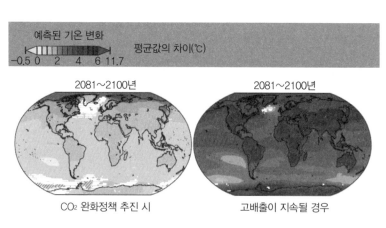

CO₂ 완화정책 추진 시와 고배출이 지속될 경우 온도 변화 비교 21

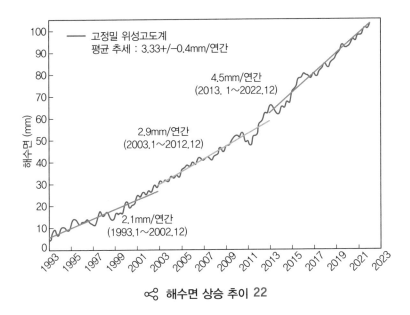

안의 내용:
- 고정밀 위성고도계
  평균 추세 : 3.33+/−0.4mm/연간
- 4.5mm/연간
  (2013. 1~2022.12)
- 2.9mm/연간
  (2003.1~2012.12)
- 2.1mm/연간
  (1993.1~2002.12)

해수면 상승 추이 22

저해하는 것이다.

해수면 상승은 2013~2021년 동안 연 평균적으로 4.5mm씩 증가하고 있으며 2021년 전 세계 평균 해수면 최고치를 갱신하였다. 2021년 해수면 최고치는 1993년과 2002년 사이 비율의 두 배 이상이며, 빙상으로부터 가속화된 얼음 덩어리 손실이 주요 원인으로 나타났다. 해수면 상승은 해안 거주자 수억 명에게 주요 영향이 발생하며, 열대성 사이클론에 대한 취약점이 증가하고 있다.

CO_2 고배출 상황 속, 기후변화 규모와 속도는 습지를 포함한 육상과 담수 생태계의 구성, 구조 및 기능에 돌이킬 수 없는 변화를 가져온다. 육상 생물권에 저장된 탄소는 기후변화, 산림 황폐화 및 생태계 오염으로 인해 대기 중으로 배출되기 쉽다. 배출된 탄소는 지구 기온을 상승시키며, 기온의 상승은 가뭄의 빈도를 증가시키고, 많은 지역에서 수목의 고사를 발생시킬 것이다. 결론적으로 수목의

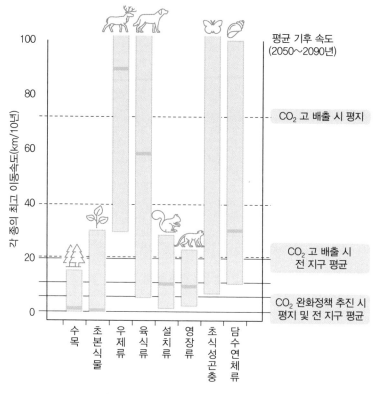

평균 기후 속도
(2050~2090년)

CO_2 고 배출 시 평지

CO_2 고 배출 시
전 지구 평균

CO_2 완화정책 추진 시
평지 및 전 지구 평균

각 종의 최고 이동속도(km/10년)

수목 / 초본식물 / 우제류 / 육식류 / 설치류 / 영장류 / 초식성곤충 / 담수연체류

✁ **CO_2 배출에 따른 생태계 전망 23**

고사는 탄소 저장능력 상실, 생물다양성 붕괴, 목재 생산 문제, 수질 오염, 쾌적성 및 인간의 경제활동에 위험으로 작용할 것이다.

한편, 생물다양성 감소는 생물다양성과 생태계 서비스에 직접적인 생계가 달린 농촌 빈민과 토착 원주민들의 복지를 특히 위협하고 있다. 생태계와 생물다양성의 경제학 연구에 따르면 전 세계 산림 손실과 관련된 생물다양성 및 생태계 서비스 혜택 차원에서 본 총손실액은 연간 2조~5조 달러 사이로 추정된다.

기후변화의 규모와 속도가 증가함에 따라, 멸종 위험은 산업화 이전 및 현재 수준보다 더 높아진다. 기후변화 속도가 느릴수록, 종들은 더욱 수월하게 기후변화 속도에 맞추어 서식에 적합한 장소로 이주할 수 있다. 자신의 서식지에서 새로운 기후에 적응하는 종도 일부 있을 수 있겠지만, 빠르게 적응하지 못한 종들의 경우 서식 범위의 전체 또는 일부에서 멸종할 것이다. 따라서 생태계에 대한 위협을 어느 정도 줄이기 위해서는 기후변화에 대한 대책이 필요하다.

4. 식량 위기

2022년 초 우크라이나에서 확대되는 전쟁은 우크라이나 인구에 미치는 영향과 전 세계 및 전 지역 차원의 식량 안보에 대한 영향으로 국제 사회에 큰 경각심을 주고 있다.

2021년 기준 우크라이나는 전 세계 밀(33%), 보리(27%), 옥수수(17%), 해바라기씨(24%), 해바라기씨유(73%) 등 세계 수출 부분에서 주요 부분을 차지했으며, 러시아 또한 질소 비료 부분의 최고 수출국, 칼륨 비료 두 번째 주요 공급국 등 비료 부분에서 주요 수출 부분을 차지하고 있었다.

몇몇 중동, 북부, 사하라 사막 및 아프리카 주요 국가, 남아시아 국가의 경우 러시아와 우크라이나의 밀 수입에 의존하고 있으며, 전체 수입 국가 중 27개국은 주요 식량위기에 직접적인 영향을 미쳤다. 일부 식량 위기 국가는 우크라이나와 러시아 연방으로부터 식량 및 비료 수입에 대한 높은 의존도를 보이고 있어 세계 식량 물가 상승에 대한 취약성이 주요 문제점으로 발생할 우려가 있다.

우크라이나 전쟁 발생 이전 국제 밀 생산량은 4년 연속 증가될 것

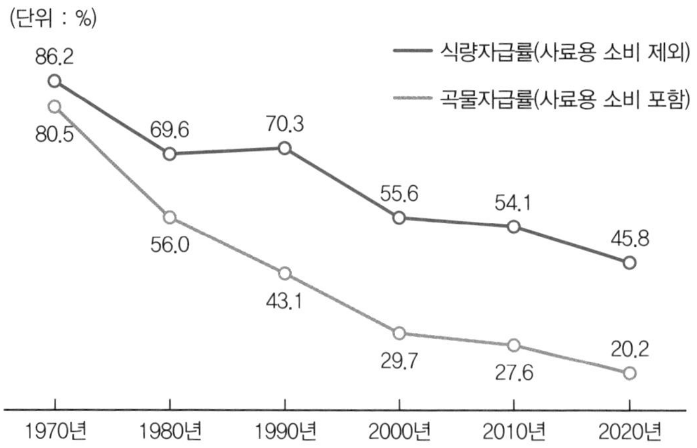
(단위 : %)
식량자급률(사료용 소비 제외)
곡물자급률(사료용 소비 포함)
86.2
80.5
69.6
70.3
56.0
43.1
55.6
54.1
45.8
29.7
27.6
20.2
1970년
1980년
1990년
2000년
2010년
2020년

국내 식량 · 곡물자급률 추이 24

으로 예상되었으나, 전쟁으로 인해 광범위한 기반시설 손상 · 파괴 등의 이슈로 우크라이나 및 전 세계 농산물의 생산 및 수출 능력에 불확실성이 발생하였다.

우크라이나와 러시아로부터 식품 수입 차질이 지속될 경우 국제 단위의 농산물 물가 상승이 예상되며, 이미 2022년 3월 곡물 가격 지수는 평균 170.1포인트를 나타내 2022년 2월 대비 24.9포인트(17.1%) 상승한 상태이며 1990년 이후 최고 수준을 기록하였다.

우리나라는 2021년 식량자급률 45.8%, 곡물자급률 21%를 기록하여 국가별 식량안보 수준을 비교 및 평가하는 세계식량안보지수(GFSI : Global Food Security Index)도 23위로 떨어져 OECD 국가 중 최하위로 기록되었다. 국내의 곡률 자급률은 1970년 80.5%에서 2020년 20.2%까지 극도로 낮아졌으며 이는 전체 농지의 3분의 1이 공장과 아파트, 상가로 전환되며 이에 따라 농지가 줄어 생산이 줄어드는 등 고도성장과 관련이 깊다.

5. 사이버 보안

코로나 19 팬데믹 이후 급격한 사회 변화가 발생하였으며 전염병 확산 방지를 위해 국제적으로 경제 · 사회 전반을 대상으로 디지털 변환이 발생하였다. 다양한 기업들은 근무를 재택근무로 변경하고, 다양한 행사, 축제 등 외부 활동 또한 온라인으로 변화하는 일명 '언택트(Untact) 시대'의 돌입은 ICT 기술의 발전과 팬데믹 상황의 일상 유지에 많은 도움이 되었지만, 업무를 가장한 해킹 메일, 온라인 회의 · 수업 중 발생하는 혐오 사진 테러 등 다양한 위협과 고충이 동반되기도 하였다.

네트워크 연결성의 심화는 사이버 위협을 변화시키고 적절한 통제가 부재한 경우 사이버 위협으로 심화될 수 있다. IoT 기기는 처리 용량, 전력 한계로 보안 기능을 탑재하지 않고 설치되는 경우가 많기 때문에 사이버 공격에 취약할 수 있다. 또한 편재적인 네트워크 연결의 경우 사이버 공격 표면 확대 및 가용성을 침해하는 사이버 위험이 발생할 수 있으며 산업 전반의 심각한 피해 초래가 가능하다.

미국 국토안보부 사이버보안 인프라 보호국(CISA : Cybersecurity and Infrastructure Security Agency)에서 2021년 5월 발간한 〈사이버보안 및 물리보안 융합〉 보고서에 따르면 산업 통제 시스템, IoT 환경의 사이버 보안 위협 및 조직적 보안 도전과제에 대한 해결방안을 제시하였다. 산업통제시스템과 사물인터넷 등으로 연결된 사이버 물리 시스템(CPS)의 운영 중단과 장애를 초래하는 사이버, 물리적 공격을 ① 접근권한 탈취, ② 기기장애, ③ 네트워크 공격, ④ 모바일 공격, ⑤ 정보기기 침해로 구분하였다.

AI 기술은 보다 신속하고 정확한 분석 및 의사결정을 지원하여 운송, 제조, 금융, 의료 등 산업 전반에서 향후 인간을 지원하거나 혹은 대체할 수단으로 발전하고 있다. 또한 코로나19 등에 따라 디지털 대전환이 발생함으로써 비대면 서비스·온라인 생활이 일상화되었으며, 5G/6G 차세대 네트워크 활용 초연결, AI·클라우드 등 AR/VR 기술이 융합된 가상 융합기술 등장 및 성장이 가속화되는 추세이다. 하지만 AI 인공지능 알고리즘 설계, 개발, 이용 방법에 대한 이용자의 신뢰성 부족 및 AI 기반 생태계에서의 사이버 보안 위협은 여전히 큰 문제점으로 자리매김하고 있다. AI 기반의 새로운 생태계에서는 사이버 해커들이 AI 기술을 이용하여 공격을 자동화하고 공격 속도를 향상시키며, 공격 기법을 고도화할 수 있고, 특히 딥러닝 분석 등을 활용하여 공격 대상의 보안 취약점을 발견하고 기존의 보안 프로세스를 회피하는 정교한 공격 감행이 가능하다. 메타버스와 디지털 트윈 기술의 경우 독립적 ICT가 아닌 융복합 기술이므로 다양한 사회에 접목이 가능함과 동시에 사이버 위협에도 취약할 수 있는 위험성이 존재한다.

6. 메가트렌드를 통해 본 앞으로의 자세

재난 메가트렌드는 세계의 인류 앞에 커다란 과제에 직면하고 있으며, 자연계에는 '티핑 포인트(Tipping Point)'*가 있다. 우리는 아직 티핑 포인트를 완벽히 예상하지 못했으며, 한계치를 넘어 발생할

---

* 어떤 현상이 처음에는 아주 미미하게 진행되다 어느 순간 균형을 깨고 예기치 못한 일들이 폭발적으로 일어나는 그 시점을 말한다.

환경적, 사회적, 경제적 재난의 결과도 모르고 있다. 만약 제4차 산업혁명을 통해 재난을 극복할 수 있다면, 그 기술을 보유하고 있는 기관 및 기업은 국가를 넘어서 전 세계적으로 커다란 비즈니스 기회를 얻게 될 것이다.

이상기후 등 기후변화에 대응하기 위한 국제적 협력, 신재생 에너지 기술 확보 등의 중요성이 강조됨에 따라 미래재난 예측을 위하여 능동적인 시나리오 기반 문제해결 기술과 디지털 변환, 스마트 도시 등 사이버 기술 발달에 따른 사이버상의 보안, 범죄 문제 등 미래사회 문제 해결을 위한 미래사회 이슈형 기술 등의 발전이 필요하다. 또한 지역사회 위험 감소 및 회복력 향상을 위하여 재난 및 안전사고 피해자에 대한 심리적 지원 프로그램 확산도 필요하다.

제4차 산업혁명 대열에서 머지않아 승자와 패자가 명확히 판가름 날 텐데 이는 앞으로 10년의 명암을 좌우할 것이다. 대한민국은 ICT(Information & Communication Technology) 역량을 갖추고 있어 새로운 변화의 길로 갈 수 있지만, 발 빠르게 물결을 헤쳐나갈 대응체계가 필요하다. 개인이나 기업 · 정부 모두 힘을 합쳐 다가올 재난을 제4차 산업혁명을 통해 대비해야 할 때이다.

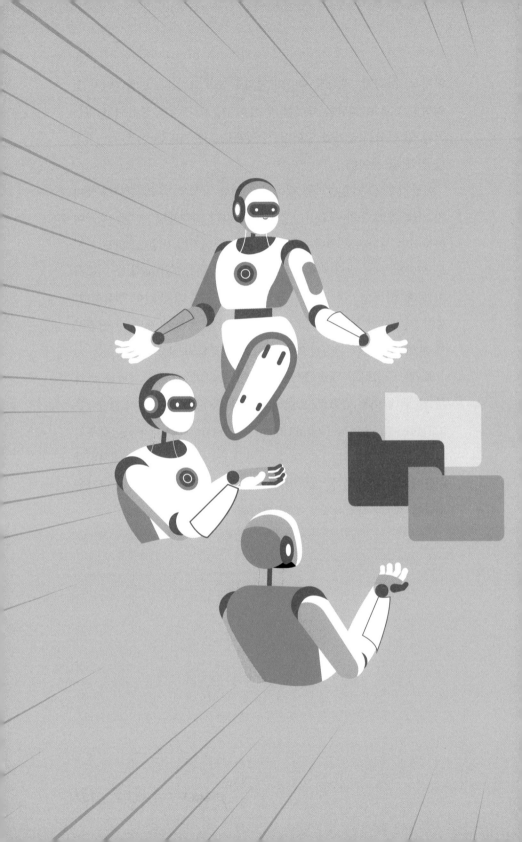

Chapter 4
인공지능과 재난

01
인공지능의 재난관리

인공지능의 재난관리란 재난의 예측단계에서부터 대비, 대응과 복구단계에 이르기까지 재난관리의 모든 분야에 인공지능을 활용하는 것을 의미한다.

인공지능을 활용한 재난관리의 사례를 살펴보면, 재난대처능력을 향상하기 위한 목적으로 사용되는 경우가 많다.

미국은 머닝러신과 딥러닝 같은 인공지능(AI) 기술을 통해 재난을 예측하기 위한 연구를 활발하게 진행하고 있으며, 인공지능 인프라 구축을 통해 사회 전반적인 인공지능 발전과 더불어 재난 대응을 위한 역량을 향상하고자 하였다. 특히, 각 기관에서 수집하는 수많은 데이터들을 기반으로 허리케인 및 악천후에 따른 정전을 예측할 수 있는 프로그램을 개발·활용함으로써 허리케인으로 인한 대량정전을 대비할 수 있었으며, 이외에도 다양한 재난에 대응하기 위한 연구를 이어가고 있다.

일본은 고령화 및 경제 저성장에 따른 사회적 문제점을 보완하기 위한 방안으로 인공지능 로봇에 관한 연구를 진행 중이다. 대표적으로 건강 · 의료 · 간병 분야에 특화된 로봇 또는 제조 · 물류업에 특화된 로봇과 같은 연구가 상당히 진행되었을 뿐만 아니라 지리적 여건상 지진, 태풍과 같은 자연재난의 발생 빈도가 높기 때문에, 재난의 피해 경감과 예방을 위한 인공지능 개발에도 매진하고 있다.

중국은 국가정책의 일환으로 인공지능 개발에 집중하고 있으나, 신경제성장과 신소재, IT 산업을 육성하는 것에 중점을 두고 있으며 재난 · 안전과 결합한 기술의 개념은 모호한 실정이다.

마지막으로 프랑스는 인공지능을 개발하기 위하여 연구센터를 신설하고, 유럽 전역에서 발생하는 홍수나 감염병에 대응할 수 있는 특화된 기술을 개발하는 것에 앞장서고 있다.

우리나라는 2016년 재난관리에 인공지능을 결합한 연구가 시작된 이후, 인공지능을 재난관리에 단계적으로 적용하는 방안에 관한 연구를 진행 중이다. 하지만 우리나라의 재난관리 정책 방향은 「재난 및 안전관리 기본법」에 근거하고 있다. 즉, 우리나라에서 재난관리에 인공지능을 적용하기 위해서는 제도적 밑받침이 되어 있어야 한다는 것이다. 따라서 우리나라는 사회 구조상 제도와 법제화가 선행되어야 개발과 연구가 가능하다.

현재 우리나라는 재난을 사전에 예측하는 부분에서 인공지능 기술을 일부 적용하고 있다. 대표적으로 기후 변화를 예측하는 기술과 재난현장에서 이동경로를 신속하게 예측하는 기술이 있다. 그러나 이러한 기술은 재난관리의 예방과 대응단계에서 일부 국한되어 있다는 한계점이 존재한다.

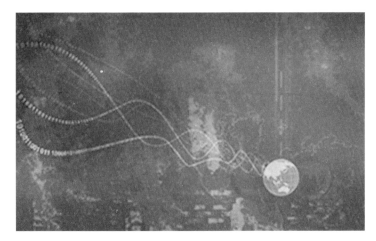

<co 화재 발생 시 위치파악 및 이동경로 예측 기술 1

　재난은 총체적이고, 통합적이며, 전사적으로 관리해야 한다. 그러므로 인공지능을 결합한 체계적인 관리 또한 예방·대비·대응·복구의 모든 단계에 적용 가능하여야 하며, 이를 통하여 재난관리에 특화된 맞춤형 기술도입과 개발이 이루어져야 한다.

1. 재난을 사전에 예측하는 인공지능

　재난을 사전에 예측할 때 가장 보편적으로 적용되고 있는 분야는 기상관측예보시스템과 인공지능을 결합하는 방식이다. 현재 우리나라를 비롯하여 세계의 주요 국가들은 위성과 관측 프로그램을 통하여 기상을 예측하고 있다. 또한 기상 예측시스템과 별개로 기후 변화에 대한 연구 및 보고서를 발간하는데, 국가 간 협의체인 IPCC(The Intergovernmental Panel on Climate Change)를 통하여 향후 미래기후를 예측 · 분석하고 있다.

보고서를 살펴보면 기후변화 예상 시나리오를 근거로 향후 발생 가능한 태풍, 풍수해, 집중호우, 폭염, 한파 등 여러 자연재난 유형 들의 발생 시기, 장소, 피해강도, 위험성과 심각성 등에 대하여 예 측하고 있다.

또한 자연재난 유형 중에 위험도가 높은 지진과 화산에 대해서 해 당 재난을 예측하기 위한 지진관측방법 및 분석모델 등이 개발되고 있으며, 이를 위하여 지각변동 및 화산분화활동 등을 조사하고 있다.

발생 가능한 재난을 예측하기 위하여 인공지능을 사용한 기상관 측예보의 중요성은 점차 강조되고 있다. 더욱이 우리 사회의 고도 화, 경제화로 인하여 재난에 따른 피해의 규모는 더욱 크게 나타날 것으로 예상되어 점차 재난예측의 높은 정확성이 요구된다.

현재 인공지능 기상관측예보 관련 대표적인 기술로, 딥마인드와 딥러닝을 통하여 기상에 대한 매우 복잡한 데이터를 끊임없이 수집

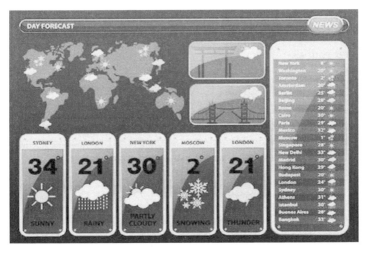

∝ 전 세계 기상예보(미국 기상예보) 2

하고 분석하여 인공지능 스스로 기상을 예보하는 방식이 있다.

지금까지 기상관측예보시스템은 국가별로 '수치예보 모델'*을 개발하여 사용하였다. 수치예보모델의 기본원리는 지구 온난화로 인해 발생 가능한 대기상태를 분석하고 이를 기반으로 다음날과 향후 기상을 예측하는 모델방식이다.

그러나 이 시스템은 불균형적이고 매우 복잡한 대기변화, 이상기류, 예상하지 못한 이슈상황(지구촌 대형 화재, 각 국가별 이산화탄소 지속 배출) 등과 같은 변화의 외부적 요인이 증가하면 기상관측

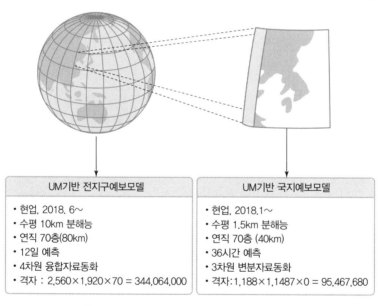

UM기반 전지구예보모델	UM기반 국지예보모델
• 현업, 2018. 6~ • 수평 10km 분해능 • 연직 70층(80km) • 12일 예측 • 4차원 융합자료동화 • 격자 : 2,560×1,920×70 = 344,064,000	• 현업, 2018.1~ • 수평 1.5km 분해능 • 연직 70층 (40km) • 36시간 예측 • 3차원 변분자료동화 • 격자 : 1,188×1,1487×0 = 95,467,680

∝ 수치예보 모델(국가기상슈퍼컴퓨터센터) 3

---

* 전 세계적으로 10개의 모델을 사용하여 기상을 예측하고 있으며, 주요 모델로는 전 지구 모델(GDAPS), 전 지구 앙상블 모델(EPS), 국지예보 모델(LDAPS), 국지앙상블 모델(LENS), 초단기 모델, 파고 모델, 폭풍해일 모델(RTSM), 황사 모델(ADAM2), 연무 모델(ADAM3), 통계 모델이 있다.

예보의 정확성이 낮아진다는 문제가 있다.

이러한 기상관측예보의 불확실성 문제를 해결하기 위한 방안으로 인공지능을 도입했다. 인공지능을 통해 재난을 예측한다는 것은 끊임없이 데이터를 수집하고 인공지능 스스로 수집, 분석, 예보하는 딥러닝 기법을 통하여 기상관측예보의 정확성을 향상시키는 것이다. 다시 말해 과거의 기상데이터를 입력하면, 인공지능이 스스로 발전하며 예보된 기상과 실제 기상이 일치하는 것을 검증하여 오차를 최소화하는 것이다.

기상예보 결과의 정확성이 높아진다면, 미래의 예측 가능한 재난을 구분하고 발생 시점 또한 구체적으로 도출할 수 있다. 재난의 발생 시점을 빠르고 정확하게 예측한다는 것은 재난에 대응할 수 있는 여건을 마련할 수 있다는 뜻이기도 하다. 만약 일주일, 한 달, 분기, 반기 등 예측 가능한 시점들이 빨라지고 정확한 기상 예측이 가능하다면, 재난의 발생 시점에 맞추어 예상된 재난을 예방하고 대비하는 데 필요한 시간을 확보할 수 있을 것이다. 즉, 인공지능 기상관측예보의 정확성이 향상될수록 인류의 재난 대비시간을 확보할 수 있다는 의미이다.

다만, 인공지능을 통하여 지진과 화산활동을 예측하는 것은 현재의 기술력 수준에서는 어려운 실정이다. 인공지능 딥러닝을 통해 데이터와 자료가 입력되어야 하는데, 지진 및 화산활동과 관련된 데이터와 자료가 부족하기 때문이다. 전문가들조차 현재 지진과 화산의 정확한 원인 규명이 되지 않은 상황에서 수집되는 정보와 데이터를 예측시스템에 적용하기에는 한계가 존재할 수밖에 없다.

지질학자들도 지진과 화산활동의 주요 원인을 정확하게 규명하지

못하지만, IBM의 맨틀모델*을 활용하여 지진과 화산의 발생 가능성
을 부분적으로 예측하고 있다. 그러나 이조차도 자료와 데이터의 한
계로 인해 IBM의 맨틀모델과 인공지능을 적용하는 것이 불가능하다.

현재까지 인공지능으로 예측 가능한 재난 유형은 태풍, 홍수, 호
우, 강풍, 풍랑, 해일, 대설, 한파, 낙뢰, 가뭄, 폭염, 황사 등 자연
재난으로 국한되어 있다.

화재, 붕괴, 폭발, 교통사고와 같은 사회재난과 관련해서는 인공
지능을 기반으로 데이터를 입력하고 발생 가능성이 큰 국지적인 위
치를 파악하기 위한 연구가 진행되고 있다. 그러나 사회재난을 예측
하는 방식은 사회적 요소들을 입력하여 지역의 위험성을 도출하는

---

* 지각 플레이트의 움직임 예측을 통한 화산과 지진활동을 예측하는 모델이다. 지질분석은
센서값만으로는 정확한 예측이 되지 않는데, 센서를 지하 깊은 곳에 설치하는 것이 어려
워 자료수집 또한 현재 불가능하여 예측의 정확성이 낮다. 그럼에도 불구하고 현재 예측
시스템으로는 맨틀모델이 가장 최신이며 정밀한 모델로 평가받고 있다.

방식으로 활용되고 있는데, 변수가 많을 뿐더러 인구, 공장, 시설, 차 등이 밀집된 장소에서 재난이 발생할 수 있다는 결과가 도출되고 있어 정확한 장소와 시기를 예측하는 것이 어려운 실정이다.

현재의 기술력으로는 자연재난 중에서 기상예보를 통해 관측 가능한 재난의 발생장소와 시점을 예상하는 수준에 그치지만, 향후에는 화재, 붕괴, 폭발, 교통사고와 같은 사회재난에 대해서도 예측이 가능하도록 연구가 계속되어야 할 것이다.

2. 재난을 예방하고 대비하는 인공지능

재난에서의 인공지능은 재난의 예방·대비를 포함하는 재난 발생 전 단계에서 활용하는 것이 중요하며, 전 세계적으로 인공지능을 재난에 접목하는 사례가 증가하고 있다.

그러나 인공지능 기술을 재난에 적용하는 과정 중에서도 정확하게 어느 단계에 적용해야 하는가에 대해서는 경계가 모호하다. 그러므로 가장 먼저 「재난 및 안전관리 기본법」에 명시된 재난의 예방, 대비, 대응, 복구 단계에 맞게 인공지능 기술을 적용하는 연구가 요구된다.

먼저, 예방단계(Mitigation)는 재난의 위험과 관련하여 재난으로부터 발생 가능한 부작용을 완화하고, 사전 재난 예방활동을 통해 잠재적 위험을 최소화하는 것을 의미한다.

재난관리체계 구축, 재난예방대책 수립 및 시행, 각종 안전점검 및 안전문화활동, 재난위험지구 관리, 제도 및 법령의 개선, 재난 취약시설 점검 및 정비 등의 활동 등이 예방단계에서 인공지능을 적용할 수 있는 분야 중 하나이다.

예방단계는 크게 비구조적 단계와 구조적 단계로 구분할 수 있다. 비구조적 단계는 사람의 인식과 문화, 제도적인 측면이 높기 때문에 인공지능을 적용하기에는 기술적인 한계가 존재한다. 따라서 인공지능을 비구조적 단계에 적용하기 위해서는 사람의 인식과 생각, 문화까지 인공지능이 파악하여 대처하는 기술력이 필요하다.

반면, 구조적인 단계에서 안전점검에 인공지능을 결합하는 방식은 현 기술력으로 가능하다. 특히, 시설에 대한 안전점검분야에 인공지능 기술을 도입하면, 사람이 하는 것보다 정확한 진단을 함으로써 예산을 절감하고 산업재해를 예방하는 부분에서 효과적일 수 있다.

구조적 단계에서 인공지능을 접목한 대표적 사례로는 '영상정보처리 기술을 이용한 지능형 안전점검 자동화' 시스템을 예로 들 수 있다. 이 기술은 지능형 안전점검으로 영상정보처리기술과 인공지능 기술을 결합하여 시설에 대하여 점검, 감시, 진단, 경고 등을 할 수 있는 시스템이다.

사람이 점검할 수 없는 위험한 지역 및 상황에서 안전점검을 하기 위해서는 센서, 카메라, 로봇, 드론 등 인공지능 기술을 활용하는 것이 효과적이다. 현재 교량점검 시 사용되는 U−BIROS 교량 무인 점검로봇, 드론을 이용한 고층시설 점검, 터널과 지하를 점검하는 초음파 로봇 등 인공지능을 활용하여 안전점검을 실시하는 사례가 많아지고 있으며, 점차 확대 적용할 필요가 있다.

대비단계(Preparedness)는 재난 및 재해로 인한 피해를 대비하기 위한 재난 관련 훈련, 안전인식 향상 활동 등을 의미한다. 효율적으로 재난에 대비하기 위해서는 피해를 줄이기 위한 관계자들을 대상

∝ 무인교량점검기술 U-BIROS 5

으로 한 훈련, 피해 발생 시 즉시 활용할 수 있는 재난관리자원 파악, 국가·공공·유관기관과의 지속적인 협력체계 구축이 필요하다.

대비단계에서의 주요 활동으로는 재난 대비 재난정보·상황관리체계를 확립하고, 자원 동원계획, 재난대응훈련계획 수립 및 시행, 유관기관과의 긴급지원체계 구축, 재난 대비 대국민 홍보, 교육훈련, 행동 매뉴얼 정비, 국민행동요령 홍보, 응급대응체계 구축 등이 있으며, 이러한 활동에 인공지능을 적용할 수 있는 분야는 점차 확대 중이다.

대비단계에서는 일반 사람들을 대상으로 하는 교육과 훈련에 인공지능 기술이 활용되고 있다. 대표적으로 증강현실을 사용하여 재난 상황 발생 시 실제 상황과 같은 효과를 가지고 교육훈련을 진행하는 것이다.

기존에는 재난 상황에 따라 시나리오를 개발하고, 이를 기반으로

∝° 증강현실을 적용한 재난대응통합훈련 6

한 훈련이 주를 이루었지만, 증강현실 기술이 훈련 분야에 접목됨으로써 재난 상황을 보다 입체적·사실적으로 체험할 수 있으며, 더 나아가 재난의 위험성을 인식하는 부분에서 큰 효과를 볼 수 있다.

예를 들어, 증강현실을 활용하여 재난안전대책본부, 중앙사고수습본부 등 실제 대응조직별 매뉴얼에 따른 협업 기능을 개인별로 구현할 수 있으며, 참가자가 증강현실 고글(HMD : Head Mounted Display)을 착용함으로써 현실성을 높여 훈련에 더욱 몰입하게 만드는 효과를 얻을 수 있다.

또 다른 사례로는 인공지능을 활용한 매뉴얼을 제작하는 것이다. 현재 재난의 대비를 위하여 다양한 매뉴얼을 제작·배포하고 있다. 여기에 위기기반시스템과 IoT 기술을 접목하여 스마트 매뉴얼을 개발함으로써 모든 행동요령과 지침을 각종 기기와 연결하여 사용하는 것이 가능할 것이다.

또한 드론을 이용한 현장 확인을 통해 해당 지역에 대한 정보를 수집하여 매뉴얼상 필요한 대응과 내용들의 상호 공유, 처리, 실행이 가능하다.

이처럼 인공지능을 접목하여 매뉴얼을 제작한다면 매뉴얼의 방대한 내용과 관련 정보를 적재적소에 제공하여 매뉴얼의 효율성을 극대화할 수 있다.

재난을 예방하고 대비하는 단계에서 적용 가능한 인공지능은 최종적으로 사람들에게 재난에 대하여 그 심각성과 중요성을 인식시키는 수단으로 변화되어야 한다. 즉, 인공지능을 접목한 기술은 재난을 간접적으로 체험하고 체험한 재난에 대하여 인식하는 단계로 발전할 필요가 있다. 따라서 가상현실, 증강현실, 위치전송, 스마트 매뉴얼 등의 기술이 예방과 대비단계에 적용될 수 있도록 방향을 설정하여 그에 맞도록 기술력을 집중하는 것이 요구된다.

3. 재난에 대응하고 피해를 복구하는 인공지능

재난 발생 이후 대응단계(Response)는 응급상황이나 재난이 일어난 후에 해당하므로 인명 피해자들에게 중요한 단계이다. 대응단계에서의 핵심은 수색과 구조, 대피소 운영, 의료서비스 지원 등이 있다.

대응단계에서 가장 중요한 것은 재난 발생 이후 피해자들을 신속하게 확인하는 것이다. 따라서 이 단계에서는 사람의 몸짓, 손짓, 목소리 등 상황을 인식하기 위한 인공지능 기술을 재난분야에 접목하는 것이 중요하다. 그러므로 대응단계의 인공지능 기술의 핵심은

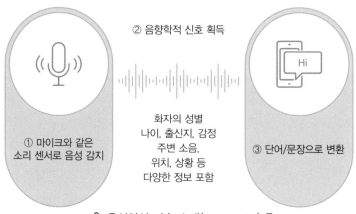

✕ 음성인식 기술 소개(CONNECT) 7

음성인식, 위치전송, 안면인식 등이라 볼 수 있다.

　음성인식 기술은 마이크와 같은 소리 센서로부터 사람의 음성을 감지하고 수집한 정보를 단어와 문장으로 변환하는 기술이다. 정보는 소리 센서를 통하여 말하는 이의 성별, 연령대, 억양을 분석하여 사람의 출신지, 현재의 감정, 주변 소음, 위치, 상황 등을 수집할 수 있다.

　이와 같은 기술이 접목될 수 있는 주요 이유로는 딥러닝(인공지능)을 도입하여 인터페이스 기법*이 활용되었기 때문이다. 인터페이스 기법이 적용될 경우 음성을 인식하는 마이크와 이를 정보로 변환하는 시스템이 연결되어 음성인식을 정보화한다. 이를 통하여 재난이 발생한 시설 또는 장소에서 목소리만을 이용하여 사람을 찾을 수 있는 것이다.

---

* 서로 다른 시스템에서 상호 간 정보와 신호체계를 주고받으면서 사용자에게 도움을 주는 시스템으로, 서로 다른 시스템인 컴퓨터, 주변기기, 센서, 마이크, 카메라 등이 상호 정보를 교환하는 방식으로 발전하였다.

위치전송 기술은 가장 대표적으로 상용화되어 있는 기술로, 사람이 있는 위치를 정보화하여 수집된 신호를 별도의 외부 정보 없이 자동으로 라벨링(Labeling)*하는 기술이다. 현재 위치전송 기술은 인공위성을 통하여 GPS 센서가 부착된 기기를 휴대하면 위치전송이 가능한 구조로 되어 있는데, 실내 환경에서도 위치 인식과 정보를 파악할 수 있으며, 무선랜 신호와 신체주파수, 휴대폰 주파수, WiFi 주파수, 사람인식 카메라와 같이 인위적, 자연적으로 발생 가능한 주파수 등 모든 수집 가능한 정보를 통하여 위치를 파악할 수 있다.

위치전송 기술의 핵심은 이러한 발생 가능한 주파수, 신호 등을 다양화하고, 수집 가능 범위, 거리 등을 확대하는 것이다. 이는 결국 재난 발생 시 신속하게 사람의 위치를 파악하고 구조, 구급하는 데 도움이 되는 기술이기 때문이다.

안면인식 기술 또한 재난 발생 시 대응 단계에서 신속하게 사람을 찾기 위한 기술로 음성인식, 위치전송과 더불어 대표적인 기술이다.

안면인식 시스템은 협력시스템(Cooperative Systems)**을 기반으로 발전되었다. 사람의 골격과 같은 저주파 질감(Low-frequency Textures)을 통하여 얼굴의 통계 모델을 분석하고, 사람의 신체적인 특징인 주름, 점, 속눈썹, 입술 등의 각기 다른 모형까지도 수집하여 특정인을 구분해 낼 수 있다. 안면인식 기술은 현재까지도 지

---

* 모델학습에 사용되는 데이터에 정답을 달아놓는 과정으로 여러 개의 위치를 전송하려는 기기 또는 사람의 위치에 대하여 각 개인의 하나하나 위치정보에 라벨지를 붙이는 방식처럼 구분하는 기술을 의미한다.

** 사람을 인식할 수 있는 기기가 미리 정해진 일정거리에서 사람을 인식하여 저장된 검증된 이미지와 대조하여 사람을 인식하는 방식으로, 사람을 인식하는 것은 여러 대의 기기가 지속적으로 정보를 수집하여 분석해야 하는 협력이 요구되어 협력시스템이라고 한다.

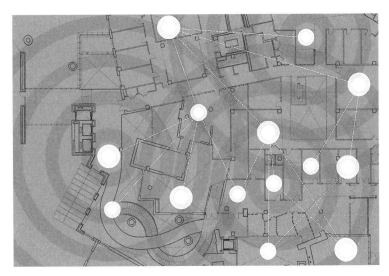
∝ 위치정보를 포착하는 시스템 8

속적으로 개발되고 있으며, 최종적으로 생체인식(Biometric) 수준까지 도달할 예정이다.

생체인식은 눈동자, 지문 등 그 사람만의 특징이 담긴 생체정보를 사용하는 기술을 말한다. 다만, 아직까지는 생체정보가 근접한 거리에 있어야 식별이 가능하다. 이러한 생체인식 기술이 상용화되기 위해서는 생체정보를 획득하기 위한 다양한 방법의 기기, 센서, 감지장치, 고성능의 카메라가 추가적으로 필요하다.

복구단계(Recovery)는 재난이 발생한 이후, 그 피해를 최소화하기 위한 모든 활동들을 수행하는 단계로, 재난으로 피해를 입은 지역사회가 정상상태로 회복될 수 있도록 하는 모든 제반활동을 포함한다.

재난합동조사단 구성 및 운영, 피해배상(보상), 자원봉사단 활용, 피해조사, 재발방지대책 수립 등이 복구단계에서의 주요 활동이다.

복구단계에서의 대표적인 인공지능기술은 재해복구서비스 (DRaaS : Disaster Recovery as a Service)* 사용을 예로 들 수 있다. 재해복구서비스는 데이터를 수집하고 처리하기 위한 인프라 환경을 구축하여 재난·재해를 복구하기 위한 서비스이다. 따라서 재해를 복구하는 기관, 개인, 장비 및 물자 보유기업 등 재해 복구를 위한 모든 인프라가 데이터로 통합관리 된다.

또한 재난 복구상황을 실시간으로 공유하여 가장 효율적인 방법으로 인력, 장비, 물자를 투입할 수 있다. 인력과 물자가 부족한 상황 속에서도 가장 효율적으로 복구할 수 있도록 우선순위를 도출하여 신속한 복구가 가능하도록 지원하게 된다. 이를 통해 복구 목표시간(Recovery Time Objectives)과 복구 목표시점(Recovery Point Objective)을 확인하고 가장 적시적으로 재난을 복구하는 인력, 물자, 장비를 사용할 수 있다.

이처럼 인공지능을 통한 재난관리는 「재난 및 안전관리 기본법」에 의한 재난관리 예방, 대비, 대응, 복구의 관점에서 기술이 적용되고 있는 추세지만, 아직은 재난관리의 단계에 따른 적용에 그쳐 있다. 따라서 재난관리에 더욱 효율적이고 필요한 기술을 연구, 개발하기 위해서는 재난관리 단계별로 필요한 인공지능 기술이 무엇인지를 검토하고 도출하는 것이 필요하다.

또한 현재 자연재난의 일부 범위에서만 적용 가능한 인공지능 기술을 다양한 재난 유형으로 확대하기 위한 연구와 기술개발이 우리

---

* 클라우드 리소스를 사용하여 재난으로 인한 애플리케이션 및 데이터 중단을 방지하는 클라우드 백업 서비스 모델이며, 재난을 복구하는 데 최적화하기 위한 서비스 프로그램이다. 재해복구서비스의 기반은 재해복구계획(DRP) 또는 비즈니스 연속성 계획(BCP)을 들 수 있다.

나라뿐만 아니라 전 세계적으로 진행되고 있다. 인공지능을 재난에 접목하기 위해서는 기존의 재난사례를 분석하면서 가장 필요한 인공지능 기술과 방향이 무엇인지 파악할 필요가 있다.

재난관리를 위한 니즈(Needs)를 확실히 인지하고 인공지능 기술을 적용, 개발한다면 효과적인 기술적용이 되고 재난관리의 발전에 획기적인 방안이 될 수 있을 것이다.

02
빅데이터 시대의 재난

　현대에는 '정보의 홍수시대'라는 단어가 무색할 정도로 인터넷 환경조성에 따른 엄청난 양의 정보가 발생하고 있다. 하루에도 수많은 정보가 생성되고 있으며, 이 중에서 자신에게 필요한 정보를 추출하고 사용하기 위한 별도의 기술이 요구되고 있다.

　빅데이터 시대란 빠르게 생성되는 다양한 형태의 데이터를 관리 · 분석 · 활용하여 가치 있는 정보를 생성하는 기술이 필수적인 시대를 의미한다. 즉, 재난 분야에서 빅데이터를 적용한다는 것은 수많은 데이터 속에서 재난과 관련된 정보만을 수집 · 구축하여 재난안전에 적극적으로 활용할 수 있어야 한다는 의미이다. 따라서 빅데이터를 활용한 효과적인 재난관리를 위해서는 무엇보다도 재난

분야만의 특성화된 플랫폼(Platform)*이 요구된다.

빅데이터에 접목 가능한 인공지능 기술의 핵심은 정보들 사이의 관계를 신속하게 파악하는 것이다. 이를 위하여 재난관리를 위한 데이터를 샘플링하고 분석하여 필요한 정보로 재생성하는 능력이 요구된다. 따라서 빅데이터를 활용하는 재난관리과정에서는 방대한 자료 중에 재난을 관리하기 위한 필요자료를 선별하는 기술이 가장 중요하다.

빅데이터 기반 재난관리는 필요한 핵심 데이터를 수집·활용하기 위해서 체계적인 접근방식과 정보를 처리·분석·검증하는 기술이 필요하다. 이는 재난을 4단계로 구분하여 적용하는 방식과 연계된다. 우선 방대한 정보 중에서 각 재난관리 단계별 데이터를 구분하고, 양을 파악해야 한다. 예방, 대비, 대응, 복구 단계별 데이터의 양의 차이가 서로 크게 상이할 경우 재난관리를 단계별로 진행하는 부분에서 어려움이 발생하게 된다. 이와 같은 문제점을 해결하기 위해서는 각 단계별 정보를 수집하는 수단이 다양화되어야 하며, 지속적으로 정보를 획득하기 위한 여러 가지 기술이 개발되어야 한다. 그리고 수집된 정보의 경우 지속적인 업데이트를 통한 최신화가 필요하다.

많은 정보가 제공되면서 자연스럽게 정보 간 인과성과 상관성을 분석하고 검증하는 것이 필요한데, 상호 다른 내용의 정보들은 문제해결에 혼선을 야기할 수 있으며 효율적인 재난관리에 문제가 발생할 수 있기 때문이다. 즉, 정보의 신뢰성과 정확성의 직접적인 문제

---

* 빅데이터 시대 많은 정보가 생성, 수집되는 환경 속에서 재난 관련 정보가 수집되고, 인공지능을 통하여 수집된 정보를 재난관리적 측면에서 사용, 분석, 활용, 공유가 되도록 하는 기반 OS나 기술환경 구축을 의미한다.

로 연결될 수 있기 때문에, 정보수집의 검증과정을 거쳐 신뢰할 수 있는 정확한 정보가 수집되도록 확인하는 기술이 필요한 것이다.

빅데이터 기반 재난관리를 위해서는 다양한 재난사례를 수집하고, 사용 가능한 정보로 데이터베이스를 구축하는 것이 필요하다. 이를 위해서 재난사례나 각종 현황 등이 하나의 시스템 또는 정보공유 플랫폼에 입력되어야 하며, 다양한 정보를 입력 가능한 데이터로 변환하여야 한다. 데이터베이스 구축을 통한 빅데이터 재난관리는 최종적으로 재난의 위험 리스크를 경감하고 효율적, 효과적으로 재난에 대응할 수 있어야 한다. 이를 위하여 빅데이터와 재난관리의 연계성을 도출하고 재난 분야에 적용방안을 모색하며, 현재의 기술 수준을 진단하여 빅데이터를 재난에 적극적으로 사용하는 방안을 찾아야 한다.

1. 빅데이터와 재난관리 필요성

현대사회는 기후와 환경의 변화, 자원고갈, 대형산불과 환경오염 등 여러 가지 변화 요인으로 인하여 환경이 급격하게 변화하고 있다. 이는 결국 재난으로 인한 피해의 불확실성을 증대하는 결과를 초래하였으며, 향후 발생할 수 있는 미래·복합재난의 위험에 상시 노출되어 있음을 의미한다. 현대에서 재난은 과거와 달리 피해와 심각성이 크며, 앞으로 발생할 재난은 더 큰 피해가 발생할 수 있다. 이는 산업이 고도화, 대형화, 복잡화됨에 따라 재난이 발생할 경우 피해가 더욱 클 것으로 분석되고 있기 때문이다. 더군다나 현대의 재난은 전 세계적으로 영향을 끼칠 정도의 규모로 발전하고 있다. 대표적으로 구제역, 조류독감, 에볼라 등 감염병이 전 세계적으로 확산되거나, 지진, 화산폭발, 미세먼지 등과 같이 재난은 더 이상 한 국가만의 문제가 아니게 되었다.

이처럼 복합재난에 대한 위험이 지속적으로 증가함에 따라 이를 예방·대비·대응·복구하기 위한 기술도 발전하고 있다. 이러한 과정에서 인공지능과 빅데이터를 활용한 재난관리 기술을 통해 재난으로 인한 위험과 피해를 경감시키고자 하는 연구가 계속되고 있다. 즉, 빅데이터는 재난을 사전에 예측하고 효율적으로 관리해야 하는 현 상황에서 중요한 해결방안이라고 볼 수 있다.

현재 전 세계적인 성장과 발전은 안정적인 환경 속에서 누릴 수 있는 혜택이지만, 대규모의 재난이 발생하면 일순간에 모든 것을 잃게 되고, 피해가 확산될 경우 삶을 영위하는 것조차 어려워질 수 있다.

빅데이터를 통한 재난관리의 연구가 계속해서 진행되고는 있지만 재난과 관련된 빅데이터를 수집하고 분석하는 기술·인프라·플랫

∝ 빅데이터 연구(데일리포스트) 9

폼 등은 그 수준이 아직 미흡하며, 수많은 데이터들 또한 혼재되어 있을 뿐이다. 이렇듯 분산되어 있는 데이터들을 재난관리에 필요한 정보로 재구축하는 데 더 많은 시간과 노력이 필요하게 된다. 따라서 재난관리 데이터 활용의 비효율성을 극복하기 위해서는 빅데이터 기술을 재난관리에 접목시키는 기술이 필요하다.

위치정보 데이터를 수집하는 것도 빅데이터를 활용한 재난관리의 하나이다. 재난이 발생하였을 때 신속한 인명구조 및 초기 대응을 위해서는 재난현장에 있는 사람의 정확한 위치를 파악할 수 있어야 한다.

현재 모바일로 위치 주파수를 수집하고, 이를 기반으로 위치를 파악하는 시스템이 활용되고 있다. 수집된 사람의 위치정보를 기반으로 재난현장에서 사람을 구조하고, 인근 사람들에게는 재난 관련 정보를 문자로 전송하거나, 예·경보 서비스를 통해 2차 사고를 방지한다.

⤳ 재난문자알림서비스 10

재난을 사전에 예측하기 위하여 기상관측 프로그램 및 지진과 화산감지 모델을 활용하는 것 또한 빅데이터를 활용한 사례로 볼 수 있다. 빅데이터를 통해 전 세계의 재난 관련 정보를 공유하고, 특히 기후변화, 지질변화, 지진, 화산과 관련한 각종 통계자료 등의 정보를 수집·활용할 수 있다. 이 경우, 기존의 일반적인 위성 장비 또는 분석모델로 예측하는 것보다 더 높은 정확도로 분석할 수 있다는 장점이 있다. 이러한 기술의 핵심은 재난 발생 시점과 장소를 파악하고 재난 발생 전에 피해 예상지역의 주민들을 대피하도록 하는 것이다.

빅데이터의 도입은 방대하고, 복잡하여 사용이 어렵던 정보들을 손쉽게 다룰 수 있는 플랫폼의 개발로 이어지게 되었다. 이러한 플랫폼 구성에 대한 인식은 재난관리의 분야로 확대되어야 한다는 필요성에서 시작되었으며, 관련 기술개발을 통해 재난관리와 연결하는 세부적이고 구체적인 기술로 발전되고 있다.

2. 빅데이터 활용방법과 재난분야 적용

현대사회에서 활용되는 빅데이터 기술로는 비상통신(Emergency Communication)을 수행하는 것이 가장 대표적이라고 할 수 있다. 재난 발생 시 비상통신수단인 경보를 발령하기 위해서는 먼저 피해자의 정보가 수집되어야 한다. 그러므로 피해자의 위치를 파악하는 기술과 재난을 예측하는 기술개발이 모두 요구된다.

비상통신수단의 빅데이터 활용은 이미 해외에서도 다양한 연구가 진행 중이다. 유럽의 경우 도시의 60%에 폭우가 내릴 경우, 직접적인 피해가 발생하는 호우 위험지역으로 보고 제방에 센서를 설치하여 실시간으로 위험정보를 수집하고, 이를 국민들에게 모바일과 소셜 네트워크를 통하여 경보를 전달하는 조기경보시스템 'Urban Flood'를 추진하고 있다.

미국에서는 태평양재해센터(PDC : Pacific Disaster Center)*를 통하여 재난의 위험을 미리 파악하고 이를 구현하는 센서, 기기를 연구·개발하고 있다. 태평양재해센터는 미국의 주요 기관인 NASA, 국립해양대기청(NOAA)** 등과 빅데이터 정보공유를 통해 재난 관련 정보를 수집하여 개인과 단체, 정부에 제공하고 있다. 이는 미국의 빅데이터를 플랫폼 기능으로 활용한 대표적인 사례이다.

♣ 유럽의 재난경보 서비스 11

---

* 하와이대학교에서 관리하는 운용연구센터로, 전 세계 재난을 효과적으로 완화·준비·대응·복구하기 위한 목적으로 새로운 기술과 모범사례를 개발·수집하는 기관이며, 현재는 인공지능을 사용하여 재난에 대한 정보를 수집하고 정보를 제공하고 있는 비영리 단체 기관이다.
** 미국 워싱턴에 있는 해양, 대기와 관련한 업무를 관할하는 연방정부기관이다.

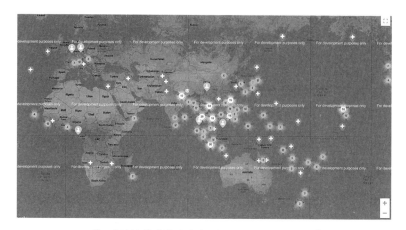

_{oo} 태평양재해센터에서 작동 중인 PDC 현황 12

태평양재해센터는 미국의 각 기관으로부터 수집·공유된 양질의 정보를 공간분석, GIS 맵핑, 샘플링, 모델링, 전문가 예측과 인공지능 기술을 접목하여 재난 상황을 실시간으로 분석하는 업무를 수행한다. 재난 관련 정보는 재난의 잠재적인 영향력과 위험을 지도와 경보판으로 시각화하여 재난관리자 및 일반 시민들에게 제공하고 있으며, 모바일, 인터넷, 소셜 네트워크 등 다양한 매체를 기반으로 데이터를 전파한다.

태평양재해센터는 민간센터이지만 정부의 지원을 받아 빅데이터를 분석하고, 활용을 위한 개발을 진행하고 있다. 이처럼 미국은 민간영역에서, 특히 IT 기업에서 빅데이터를 활용한 재난분야 접목 연구가 활발하게 진행되고 있다.

구글(Google)에서는 검색데이터를 통하여 수집된 여러 가지 정보를 분석하여 서비스를 제공한다. 특히, 재난관리 분야 중 감염병과 관련된 정보제공을 위하여 새로운 IT기법을 개발하였으며, 이를 통해 재난 관련 정보를 이용자에게 제공 중이다. 감염병 발생지역과 위치를 실시간대로 사용자들에게 전파하여 감염병의 피해를 최소화하기 위해 노력하고 있다. 이 외에도 사회안전 범주에서 범죄 관련 정보까지 지도서비스를 통하여 제공하고 있다.

또한 연방통신위원회(FCC)와 연방비상관리기관(FEMA)에서 긴급상황 발생 시 휴대폰에 경고메시지를 전송하는 대국민 경보시스템 PLAN(Personal Localized Aler ting Network)을 운영하고 있다. 여기에서는 재난 관련 정보를 제공하고 있으며, 구조를 위한 로봇이나 무인비행기(UAV)를 개발하여 재난 발생 시 발생 현장에 투입한다.

이처럼 빅데이터를 활용한 재난관리는 정보를 수집하고 분석하는 기술력을 바탕으로 재난상황의 전파 및 인명구조 활동에 적극 활용 중이다. 빅데이터는 로봇, 무인비행기 등과 연계하여 데이터를 수집하고, 재난상황을 전파하며, 사람을 구조하는 등 다양한 분야로 활용할 수 있다. 최근에는 스마트 장비와 각종 센서 등 모든 장비를 통하여 정보를 수집하는 수단의 다양성을 확보하는 부분으로 발전하고 있다.

그러나 이러한 기술의 발전에도 불구하고 재난관리를 더욱 효율적으로 하기 위해서는 재난 분야의 단계별 적용에 대한 빅데이터 수집이 요구되며, 수집된 정보와 자료를 통하여 재난의 피해를 최소화하고 재난 발생 이후에는 신속한 인명의 구조와 시설을 복구하는 기술이 구체적으로 개발되어야 한다.

3. 빅데이터의 현재 기술수준

재난의 단계별 빅데이터를 사용하기 위해서는 지속적인 기술의 발전이 필요하다. 현재의 기술은 인공지능 기술과 결합하여 위치정보를 활용하는 것이 가장 대표적이다. 하지만 현재 기술력으로는 위치 정보에 대한 정밀도가 부족하며, 특히 실내의 경우 정확한 위치를 파악하기 어렵다. 그러므로 향후에는 위치 정보의 정확도 향상 및 실내공간에서 활용 가능한 기술이 개발될 필요가 있다. 이와 같은 기술의 발전은 향후 대형 재난이 발생하였을 때 정확한 상황판단과 인명의 구조에 큰 도움이 될 수 있을 것이다.

이를 위해서는 빅데이터를 접목한 다양한 정보수집장치와 기기, 센서 등이 개발되고 이를 통하여 정보가 수집되는 환경이 조성되어야 한다. 무엇보다 다양한 수단과 방식으로 생성된 정보들이 재난관리를 위한 방식으로 유통될 수 있도록 재난 안전을 위한 특성화된 플랫폼을 마련하는 것이 가장 시급하다. 현재의 수준으로는 빅데이터에서 재난과 관련된 정보만을 처리할 수 있는 정도에 그치기 때문이다.

빅데이터를 최대한 효율적으로 사용하기 위해서는 최적화된 맞춤형 플랫폼이 요구된다. 구글, 네이버, 다음 등의 인터넷과 모바일, 소셜네트워크, 정부의 공공기관과 센터 등이 빅데이터 활용을 위한 플랫폼으로 활용이 가능하다.

하지만 재난을 위한 빅데이터 기술을 적용하기 위해서는 반드시 특성화된 플랫폼이 필요하다. 그 이유는 재난관리 플랫폼을 활용하여 빅데이터를 분석할 경우, 향후 재난 관련 정보를 수집하고 분석하여 재난을 관리하는 데 더욱 효과적이기 때문이다.

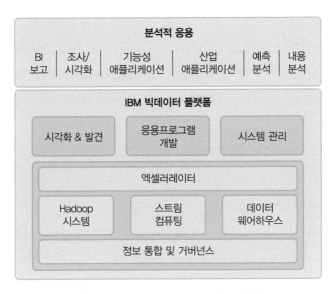

┌───┐
│ **분석적 응용** │
│ BI │ 조사/ │ 기능성 │ 산업 │ 예측 │ 내용 │
│ 보고 │ 시각화 │ 애플리케이션 │ 애플리케이션 │ 분석 │ 분석 │
└───┘

┌───┐
│ **IBM 빅데이터 플랫폼** │
│ ┌──────────┐ ┌──────────┐ ┌──────────┐ │
│ │ 시각화 & 발견 │ │ 응용프로그램 │ │ 시스템 관리 │ │
│ │   │ │ 개발   │ │   │ │
│ └──────────┘ └──────────┘ └──────────┘ │
│ ┌─────────────────────────────────────┐ │
│ │ 엑셀러레이터 │ │
│ └─────────────────────────────────────┘ │
│ ┌──────────┐ ┌──────────┐ ┌──────────┐ │
│ │ Hadoop │ │ 스트림 │ │ 데이터 │ │
│ │ 시스템 │ │ 컴퓨팅 │ │ 웨어하우스 │ │
│ └──────────┘ └──────────┘ └──────────┘ │
│ ┌─────────────────────────────────────┐ │
│ │ 정보 통합 및 거버넌스 │ │
│ └─────────────────────────────────────┘ │
└───┘

⌁ IBM 빅데이터 플랫폼 정책(IBM) 13

빅데이터 플랫폼을 사용하는 대표적 사례로 미국 IBM 사의 빅데이터 플랫폼 시스템이 있다. IBM 사는 도메인과 인터넷 서비스를 통하여 정보를 수집한다. 수집하는 정보의 범위는 정형적인 자료인 기사, 논문, 블로그, 통계자료와 비정형적 자료의 범위까지도 수집하는 체계를 이루고 있다.

인터넷의 각종 기사와 자료를 검색하면서, 자체적으로 정보를 수집하기 위하여 검색어를 정하여 자살률, 자살, 사고, 안전, 재난 등으로 직접 검색하고, 관련 정보를 분석하여 선별 맞춤형 안전 관련 정보로 변환하여 사용하는 것이다.

IBM 사의 빅데이터 플랫폼은 샘플링 기법을 활용하여 빅데이터를 관리하고 있다. 이처럼 재난 관련 플랫폼 또한 자연재난과 사회재난 등 필요한 재난 관련 정보만을 추출하여 수집하고, 지역 위치

기반과 연동하여 사람, 기기, 업체, 기관 등 연계가 가능한 모든 요소를 포함하는 거버넌스적 인프라로 개발되어야 한다. 이와 같은 환경이 조성될 경우, 빅데이터 수집, 처리를 통해 효율적인 재난관리가 가능하며, 재난의 단계별로 필요한 정보를 변환하여 사용이 가능할 것이다.

빅데이터에 대한 우리나라의 기술 수준은 재난 안전 관련 콘텐츠를 수집 저장하고 재난안전분야의 특성을 도출하기 위한 시스템의 개발단계에 그치고 있다.

우리나라의 개발 방향은 빅데이터를 활용하여 재난관리의 모든 단계에 적용 가능한 통합 솔루션 플랫폼 형태가 되어야 한다. 하지만 아직은 단계별로 특정 분야에서만 빅데이터를 활용하고 있을 뿐이다. 재난상황을 시민들에게 알리는 재난 예 · 경보 문자전송 서비스가 현재 개발 중인 빅데이터 플랫폼의 부분적인 사례라 볼 수 있다.

향후에는 방대한 재난 안전 정보를 체계적으로 수집 · 저장할 수 있는 방안에 대한 연구가 진행되어야 한다. 또한 수집된 데이터를 다각도로 분석하기 위하여 빅데이터 플랫폼에 휴먼 센서*를 반영할 필요가 있다.

휴먼 센서는 우리나라 국민들이 스마트폰을 가지고 일상생활을 하는 것을 통해 데이터를 수집할 수 있다. 그러나 휴먼 센서를 활용한 정보 수집 · 활용을 위해서는 정확성 · 신뢰성이 확보될 수 있는 환경이 먼저 조성되어야 한다. 게다가 단순히 휴먼 센서를 통한 데

---

* 휴먼 센서는 일반적으로 감지된 사람의 의도적인 참여 없이 공간영역에서 인체의 존재를 감지하기 위한 다양한 기술을 포함한다. 일반적인 응용프로그램에는 수색 및 구조, 감시 등이 포함된다.

이터 수집 환경이 조성되더라도, 이를 통합적으로 관리·활용할 수 있는 플랫폼이 존재하지 않는다면 효과는 미미할 것이다.

휴먼 센서 기반 플랫폼 개발이 요구되는 이유는 휴먼 센서를 통하여 수집된 정보를 처리할 수 있는 플랫폼이 마련되어야 비로소 제 기능이 발휘될 수 있기 때문이다.

빅데이터를 기반으로 한 플랫폼 발전은 휴먼 센서뿐만 아니라 각종 IoT 디바이스들을 활용하는 방안도 함께 요구된다. 그러므로 휴먼 센서를 통하여 수집된 정보를 처리하고 관련 정보와 연계성 검증, 통합하고 분석하는 기술을 바탕으로 하여 지속적인 재난관리가 되도록 해야 한다.

여기서 도출된 정보는 재난 담당자들이나 일반 시민들에게 신속하게 전파하는 체계와 병행하여 발전되어야 한다. 이를 위하여 사회에 구성된 페이스북이나 카카오톡 등과 연계하는 방안이 고려되어야 할 것이다.

Appendix
부록

01
재난관리

1. 재난안전 관련 법제도

2003년 2월 대구지하철 화재사고와 5월 화물연대 파업사태 등을 계기로 범국가 차원의 재난관리시스템 구축의 필요성이 대두되었다. 이에 따라 정부는 사회적 위기와 재난 상황 등 국가기능의 마비 등에 대응할 수 있는 총괄관리기구의 설치가 필요하였으며, 위기 상황 인지와 예방 등 상황관리와 비상시 긴급동원체제 확립 등에 대한 법체계 정비가 시급하였다. 이에 정부는 2004년 3월에「재난 및 안전관리 기본법」을 제정하였다.「재난 및 안전관리 기본법」은 각종 재난으로부터 국토를 보존하고 국민의 생명·신체 및 재산을 보호하기 위하여 국가 및 지방자치단체의 재난 및 안전관리체계를 확립하고, 재난의 예방·대비·대응·복구 그 밖에 재난 및 안전관리에 관하여 필요한 사항을 규정함을 목적으로 하고 있다. 즉, 「헌법」 제 34조 제6항 "국가는 재해를 예방하고 그 위험으로부터 국민을 보호하기 위해 노력하여야 한다."에 따른 국가적 의무를 이행하기 위함이다. 재난을 예방하고, 재난 발생 시 피해를 최소화하는 것이 국가 및 지방자치단체의 기본적 의무임을 확인한다. 모든 국민과 국가 및 지방자치단체가 안전을 우선 고려함으로써 국민이 재난으로부터 안전한 사회에서 생활할 수 있도록 한다.

「재난 및 안 전관리 기본법」의 주요 내용은 다음과 같다.

첫째, 재난관리에 대한 국가 등의 책무와 안전관리에 관한 중요 정책의 심의 및 총괄 · 조정, 관계 부처 간의 협의 · 조정 등을 담당하는 안전관리기구의 구성과 기능, 안전관리계획의 수립, 재난의 예방, 응급대책, 긴급구조, 특별재난지역의 선포 및 복구, 재정 및 보상 등에 관한 사항을 규정하고 있다.

둘째, 자연재해와 인적 재난으로 구분되던 종전의 재난개념을 통합하고, 현재의 사회 환경이나 과학기술 수준에서 예상하지 못했던 새로운 유형의 재난까지도 포함하여 확대 일원화된 재난의 개념을 정립하고 있다.

셋째, 「자연재해대책법」에 의한 방재기본계획과 「재난 및 안전관리 기본법」에 의한 재난관리계획 등 자연재해와 인적 재난 분야로 각각 수립 · 시행되던 재난 및 안전 관련 계획을 '안전관리계획'으로 통합하여 수립하도록 하고 있다.

넷째, 재난의 예방과 관련하여 각급 시설관리기관의 관리대상시설 중 재난 발생의 위험이 높은 분야에 대해 재난대응 조직의 구성 · 정비, 재난예측 및 정보전달체계 구축 등 안전관리체계를 구축하고 위험시설 · 설비 등에 대한 안전기준, 안전점검방법 등 안전관리규정을 제정·시행하도록 재난관리책임기관의 장에게 의무를 부여한다.

다섯째, 재난 발생의 위험이 높거나 재난예방을 위하여 계속적으로 관리가 필요한 시설(특정관리대상시설)을 지정·관리·정비하는 등 재난위협요인을 사전에 제거하여 재난 발생을 억제하도록 하고 있으며, 특정관리대상시설로부터의 재난 발생 위험성을 제거하기 위한 장·단기계획의 수립 및 시행, 특정관리대상시설에 대한 안전점검 또는 정밀안전진단 등 재난에 대한 사전예방 및 대비기능을 강화하고 있다.

여섯째, 도로, 철도 등 국가핵심기반, 고층화·대형화되는 건축물, 사회의 다변화에 따른 신종 재난위험업종, 유독물질 등 특정물질에 대한 안전기준의 표준화, 점검방법의 적정성 검토, 사후 유지·관리방안 마련, 상시관리체계 구축 등 사전예방체제를 강화하고 있으며, 재난관리책임기관이 수행하는 안전관리업무의 실효성 제고를 위하여 예산 확보, 기관 간의 협조, 안전관리체계와 안전관리규정의 정비·보완에 대한 업무를 의무화하고 있다.

2. 국가 재난안전관리

국가 재난안전관리체계는 의사결정기구와 재난 대응기구로 구분할 수 있다. 대표적으로 중앙안전관리위원회가 의사결정기구에 속하며, 중앙재난안전대책본부가 재난 대응기구에 속한다. 국가 재난안전관리체계의 구체적인 내용은 다음과 같다.

[국가 재난안전관리체계]

구분	의사결정 및 자문기구		대응기구	
	명칭	위원장	명칭	기구의 장
중앙	중앙안전 관리위원회	국무총리	중앙재난안전 대책본부	행정안전부 장관
	안전정책 조정위원회	행정안전부 장관	중앙사고 수습본부	각 부처의 장관
	실무위원회	각 부처 차관 (급)	중앙긴급구조 통제단	소방청장
	중앙재난 방송협의회	과학기술정보 통신부장관이 지명	–	재난안전관 리본부장
	중앙민관 협력위원회	행정안전부 재난 안전관리본부장, 민간대표	–	–
지방 (시·도)	시·도 안전 관리위원회	시·도지사	시·도 재난 안전대책본부	시·도지사
	안전정책 실무조정위원회	지방자치단체 조례	시·도 긴급 구조통제단	소방본부장
	시·도 재난방송협의회		–	–
	시·도 민관협력위원회		–	–
	시·군·구 안전관리위원회	시장·군수· 구청장	시·군·구 재난 안전대책본부	시장·군 수·구청장
지방 (시·군)	안전정책 실무조정위원회	지방자치단체 조례	재난현장 통합지원본부	부단체장
	시·군·구 재난방송협의회		시·군·구 긴급구조 통제단	소방서장
	시·군·구 민관협력위원회			

1) 재난안전 의사결정기구

중앙안전관리위원회는 국무총리 소속으로 다음 각 사항들에 대한 의사결정을 하기 위한 기관이다.

- 재난 · 안전에 관한 중요 정책사항 심의
- 재난 및 안전관리에 관한 중요 정책, 국가안전관리기본계획 심의
- 재난 및 안전관리사업 관련 중기 사업계획서, 투자우선순위의견 및 예산요구서에 관한 사항
- 중앙행정기관의 장이 수립 · 시행하는 계획, 점검 · 검사, 교육 · 훈련, 평가, 안전기준 등에 관한 사항 조정
- 재난사태 선포, 특별재난지역 선포에 관한 사항
- 재난이나 각종 사고 수습을 위한 협력에 관한 사항, 재난 및 사고의 예방사업 추진에 관한 사항 등

중앙위원회에 상정될 안건을 사전에 검토하고 다음 각 사항을 수행하기 위한 조직으로 안정정책위원회를 둔다.

- 중앙행정기관의 장이 수립 · 시행하는 계획, 점검 · 검사, 교육 · 훈련, 평가, 안전기준 등에 관한 사항 조정
- 재난이나 각종 사고 수습을 위한 관계기관 협력에 관한 사항 조정
- 중앙부처에서 시행하는 재난 및 사고의 예방사업 추진에 관한 사항 조정
- 안전관리 집행계획 심의
- 국가핵심기반 지정에 관한 사항 심의
- 재난 및 안전관리기술 종합계획 심의
- 그 밖에 중앙위원회가 위임한 사항

이 외에도 재난 및 안전관리를 위하여 관계 중앙행정기관의 장이 수립하는 대책에 관하여 협의·조정, 재난 발생 시 관계 중앙행정기관의 장이 수행하는 재난의 수습에 관하여 협의·조정 등을 수행하는 실무위원회가 있으며, 지역의 재난안전관리정책을 다루는 지역위원회 등이 있다.

재난방송협의회에서는 재난에 관한 예보·경보·통지나 응급조치 및 재난관리를 위한 재난방송 내용의 효율적 전파 방안, 재난방송과 관련하여 중앙행정기관, 특별시·광역시·특별자치시·도·특별자치도 및 「방송법」 제2조 제3호에 따른 방송사업자 간의 역할 분담 및 협력체제 구축에 관한 사항, 언론에 공개할 재난 관련 정보의 결정에 관한 사항, 재난방송 관련 법령과 제도의 개선 사항 등을 다룬다.

또한 재난 및 안전관리에 관한 민관 협력관계를 원활하게 하기 위하여 안전관리민관협력위원회를 운영하고 있다.

2) 재난안전 대응기구

대규모 재난의 예방·대비·대응·복구 등에 관한 사항을 총괄조정하고 필요한 조치를 하기 위하여 행정안전부장관을 본부장으로 하는 중앙재난안전대책본부(이하 '중대본')를 둔다. 다만, 해외 재난의 경우에는 외교부장관이, 방사능 재난의 경우에는 중앙방사능방재대책본부의 장이 중앙본부장의 권한을 행사한다. 중대본에 상응하는 지역단위 기구로 지역재난안전대책본부(이하 '지대본')가 있으며 지대본에는 시·도지사가 본부장이 되는 시·도 재난안전대책본부와 시장·군수·구청장이 본부장이 되는 시·군·구 재난안전대책본부가 있다.

중대본의 구성과 운영에 관해서는 대통령 훈령인 「중앙재난안전대책본부 구성 및 운영에 관한 규정」에 자세히 규정되어 있으며 준비단계와 비상단계로 구분하여 운영된다.

준비단계는 자연 재난이나 사회재난 모두 상시대비단계와 사전대비단계로 구분 운영되나 비상단계는 재난의 종류에 따라 차이가 있다. 사회재난은 비상단계에 관한 세부적 구분이 없으나 자연재난의 경우는 재난상황에 따라 비상 1단계부터 비상 3단계까지 확대된다.

중앙본부장은 대규모 재난을 효율적으로 수습하기 위하여 관계 재난관리책임기관의 장에게 행정 및 재정상 조치, 소속 직원 파견, 그 밖에 필요한 자원을 요청할 수 있으며, 요청을 받은 관계 재난관리책임기관의 장은 특별한 사유가 없으면 요청에 따라야 한다. 또한 중앙본부장은 해당 대규모 재난의 수습에 필요한 범위에서 중앙사고수습본부장 및 지역본부장을 지휘할 수 있다.

지대본의 구성과 운영은 「재난 및 안전관리 기본법」 제16조 제3항에 따라 지방자치단체의 조례로 정하도록 되어 있는데, 대부분의 지방자치단체가 차장, 총괄조정관, 통제관, 담당관 등 중대본과 유사한 조직체계를 갖추고 있다.

지역본부장은 재난 수습을 위해 해당 시·도 또는 시·군·구의 전부 또는 일부를 관할 구역으로 하는 재난관리책임기관의 장에게 행정 및 재정상의 조치나 소속직원의 파견 요청, 그 밖의 필요한 업무협조를 요청할 수 있으며 요청을 받은 재난관리책임기관의 장은 특별한 사유가 없으면 이에 따라야 한다.

또한 지역본부장은 재난의 효율적인 수습을 위한 행정상의 조치를 위하여 재난 발생 장소·일시·규모 및 원인, 재난대응조치에 관한 사항, 재난의 예상 진행 상황, 재난의 진행 단계별 조치계획, 그 밖에 지역본부장이 정하는 사항이 포함된 재난상황대응계획서의 작성 및 제출을 요청할 수 있다.

더불어 법 개정으로 시·군·구 대책본부장이 재난현장 총괄·지휘 및 조정을 위해 재난현장 통합지원본부를 설치·운영할 수 있게 됨에 따라 효율적인 현장지휘체계와 유관기관 통합대응체계 구축이 필요하다.

3) 재난현장 통합지원본부

재난이 발생하면 「재난 및 안전관리 기본법」(이하 '법'이라 한다) 제16조에 따라 시·군·구 대책본부장은 재난현장의 총괄 지휘를 위해 재난현장 통합지원본부를 설치·운영하도록 하고, 법 제52조에 따라 긴급구조통제단장은 긴급구조 등 현장지휘를 효과적으로 하기 위하여 현장지휘소를 설치·운영하도록 하고 있다. 시·군·구의 재난현장 통합지원본부의 세부적인 사항은 「재난현장 통합지원본부 설치·운용 표준조례안」에서 정하고 있다.

시·군·구 대책본부에서 운영하는 통합지원본부와 지역 긴급구조통제단에서 운영하는 현장지휘소는 인명피해 감소, 재난확대 방지 등을 위해 응급조치(법 제37조), 대피명령(법 제40조), 위험구역의 설정(법 제41조), 강제대피 조치(법 제42조) 등의 공통적인 임무를 수행하도록 하고 있다.

시·군·구 재난현장 통합지원본부는 재난현장 통합지휘체계 구축, 기관 간의 임무조정, 자원동원·배분 및 조정 등 재난현장의 총괄·지휘 및 조정 등의 업무를 수행하고, 지역 긴급구조통제단 현장지휘소는 인명의 탐색·구조, 사상자의 응급조치 등 긴급구조활동 위주의 현장지휘 업무를 수행한다.

시·군·구 통합지원본부는 재난 발생 시 상황판단회의 등을 통해 재난현장 통합대응이 필요하다고 판단될 경우와 사망 3명 이상 또는 부상 20명 이상의 재난 등의 경우에 설치·운영하도록 하고 있으며 긴급구조통제단의 현장지휘소는 재난 발생 시 긴급구조통제단장의 현장상황 판단에 따라 설치·운영된다.

현재 우리나라는 소방 위주의 일원화된 체계로 긴급구조 등 현장대응을 해 왔으나 시·군·구의 재난현장 통합지원본부 규정이 신설됨에 따라 재난현장의 지휘·조정 기능에 혼선을 초래할 우려가 있으므로 원활한 재난현장 통제·조정 및 수습을 위해서는 재난대비합동훈련, 협조체계 구축 등 통합지원본부의 장과 지역 긴급구조통제단장과의 긴밀한 협조가 필요하다.

4) 재난관리책임기관

재난관리책임기관에는 대표적으로 중앙행정기관과 지방자치단체가 있고, 이외에도 지방행정기관·공공기관·공공단체 및 재난관리의 대상이 되는 중요시설의 관리기관 등으로 대통령령에서 지정하고 있다.

재난관리책임기관의 장은 소관 관리대상 업무 분야에서 재난 및 사고 발생의 예방, 대비, 대응, 복구 등 각 재난관리단계마다 가장 기본적이며 광범위한 임무와 역할을 수행하도록 법에 구체적으로 규정되어 있고, 재난관리책임기관의 유형에 따라 그 책무가 다양하게 규정되어 있다.

[재난관리책임기관의 유형에 따른 임무와 역할]

임무와 역할	근거	대상
지역 안전관리위원회 설치	법 제11조	지방자치단체
재난안전상황실 설치 · 운영	법 제18조, 영 제23조	공통
소관 안전관리업무의 기본계획 수립	법 제22조 제3항 및 제5항	중앙부처
국가안전관리기본계획에 따른 소관 업무 관련 집행계획 수립	법 제23조 제1항 및 제2항, 제5항	중앙부처
시 · 도 안전관리계획의 수립	법 제24조, 영 제26조	시 · 도
시 · 군 · 구 안전관리계획의 수립	법 제25조 및 영 제29조 제1항	시 · 군 · 구
특정관리대상시설 등의 관리	법 제27조, 영 제31조, 제32조	공통
재난관리 실태 공시	법 제33조의3	시 · 군 · 구
재난 예 · 경보체계 구축 종합계획의 수립	법 제38조의2	지방자치단체
재난대비훈련	법 제35조	공통
재난관리기금의 적립	법 제67조	지방자치단체

5) 재난관리주관기관

재난관리주관기관은 재난이나 각종 사고에 대하여 그 유형별로 예방 · 대비 · 대응 및 복구 등의 업무를 주관하여 수행하도록 대통령령으로 정하는 관계 중앙행정기관을 의미한다. 재난관리주관기관은 재난관리책임기관이지만 모든 재난관리책임기관이 재난관리주관기관이 되는 것은 아니다.

재난관리주관기관은 재난이 발생할 우려가 있거나 재난이 발생할 경우 중앙사고수습본부를 신속하게 설치·운영하여야 하며 표준매뉴얼을 작성하여 행정안전부와 내용을 협의 조정하고 실무매뉴얼 및 행동매뉴얼을 조정·승인 후 지도·관리해야 한다.

3. 재난의 예방

1) 특정관리대상지역의 지정 및 관리

1994년 성수대교 붕괴 사고를 계기로 시설물 안전에 관심이 높아지고 정부 차원의 체계적인 관리가 필요하다는 의견이 대두됨에 따라 1995년 「시설물의 안전 및 유지관리에 관한 특별법」이 제정되었고, 2003년 대구 지하철 화재사고를 계기로 정부 차원의 체계적인 재난관리의 필요성이 대두되었다. 「시설물의 안전 및 유지관리에 관한 특별법」에서 제외된 시설물에 대한 체계적인 안전관리를 위해 「재난 및 안전관리 기본법」에 특정관리대상시설 등의 안전관리를 위한 제도가 도입되었으며, 2017년 7월 26일 개정되면서 특정관리대상지역으로 확대되었다.

자연재난으로 인한 피해의 위험이 높거나 피해가 우려되는 지역, 재난예방을 위하여 관리할 필요가 있다고 인정되는 지역, 그 밖에 재난관리책임기관의 장이 재난의 예방을 위하여 특별히 관리할 필요가 있다고 인정하는 지역을 특별관리대상으로 지정하고 관리하고 있다.

재난관리책임기관의 장은 특정관리대상지역을 관련 지침에서 정하는 안전등급의 평가기준에 따라 해당하는 등급으로 구분하여 관리하고 있다.

2) 민간소유 특정관리대상시설의 안전점검

특정관리대상시설 등으로 지정된 시설* 중에서 대규모시설의 소유자 · 관리자 또는 점유자는 안전점검을 하고 그 결과를 시장 · 군수 · 구청장에게 제출해야 하며, 행정안전부장관 또는 재난관리책임기관의 장(행정기관만 해당)은 안전점검 결과 위험이 있는 시설에 대해 정밀안전진단, 보수 · 보강 등의 정비를 하도록 명할 수 있다.

3) 재난방지시설 관리

재난방지시설은 소하천 · 하천 부속시설, 「국토의 계획 및 이용에 관한 법률」상 방재시설, 하수관거 및 공공하수처리시설, 농업생산기반시설 중 저수지, 양수장 등, 사방시설, 댐, 「어촌 · 어항법」상 기반시설, 도로 부속물, 재난 예 · 경보 시설부속물, 항만시설 등을 말한다.

「재난 및 안전관리 기본법」에 따라 재난방지시설을 관리하는 재난관리책임기관은 행정안전부장관의 요청에 따라 재난방지시설을 점검하고 보수 · 보강 등의 조치를 취해야 한다.

4) 재난예방을 위한 긴급 안전점검

행정안전부장관 및 행정기관인 재난관리책임기관은 특정관리대상시설이나 긴급점검이 필요하다고 인정하는 시설 및 지역을 대상으로 재난예방을 위한 긴급 안전점검을 실시할 수 있다. 긴급 안전점검결과 위험이 높은 시설 및 지역은 정밀안전진단을 실시하고 보수 · 보강이나 위험요인을 제거하도록 관계인(소유자, 관리자 또는 점유자)에게 명령할 수 있다.

---

* 중앙행정기관의 장 또는 지방자치단체의 장이 재난발생위험이 높거나 계속적으로 관리할 필요가 있어 지정한 시설 및 지역을 말한다.

4. 재난의 대비

1) 재난관리자원

재난관리자원이란 「재난 및 안전관리 기본법」 제34조에 따라 각종 재난으로부터 예방, 대비, 대응 및 복구 활동 과정에 필요한 물자 및 자재와 응급조치에 필요한 자원 등으로서 주관기관이 고시한 자원(자재, 장비, 인력 등)을 말한다. 재난 발생 시 재난관리자원을 공동으로 활용하기 위한 노력의 일환으로 '재난관리자원의 분류 및 시스템 이용에 관한 규정'과 '재난관리자원의 운영관리 기준'이 마련되어 있다.

「재난관리자원의 분류 및 시스템 이용에 관한 규정」 제4조(자원의 분류)에 의하면 재난관리자원을 재난상황에 맞게 적용하고 활용하는 측면에서 기준을 정하기 위해 범주화한 것으로 대분류, 중분류, 소분류로 나누어 구분한다.

대분류는 자재, 장비, 인력 3개 분야로 구별하고, 자재는 재난유형, 장비는 기능, 인력은 작업유형과 팀 또는 개인단위로 중분류하여 다음과 같이 정의한다.

'자재'는 재난 발생 시 응급조치 및 복구에 동원이 가능하도록 재난활동에 활용되는 기본적인 재료들을 말하며, 풍수해, 제설, 가뭄, 화생방, 환경오염, 화재, 의료방역, 재난구호, 기타 재난으로 관리한다.

'장비'는 재난 발생으로 인해 긴급 및 응급조치, 복구활동에 동원이 가능하도록 사용되는 장비로서, 사용 목적에 따라 구조ㆍ구급, 의료방역, 재난구호, 복구, 재난현장 환경정비 및 기타 기능으로 관리한다.

'인력'은 재난 발생 시에 대비하여 대응 및 복구활동에 응원 및 동원될 수 있는 사람으로서 전문기관으로부터 특수한 자격과 인증을 받았거나 전문적인 기술과 기능을 보유한 인적 자원을 말한다.

'자재·장비'는 주요 자재 및 장비를 중분류에 근거하여 선정하고, 자원의 공동활용과 개별활용으로 구분하여 관리하여야 한다. 인력은 재난 유형에 따라 작업 유형과 팀으로 분류하고, 재난 발생 시각 재난 유형에 따라 구조·구급, 의료방역, 재난구호, 복구, 사회질서·유지, 재난현장 환경정비, 재난수습, 자원봉사, 정보통신으로 분류하며 각 재난에 맞는 작업 유형과 특화된 팀 또는 개인으로 관리하여야 한다.

'재난관리자원 공동활용시스템'이란 재난관리책임기관의 장이 비축·관리하는 재난관리자원의 정보를 효과적으로 관리·활용하도록 전자적인 방법으로 공동활용할 수 있도록 구축된 시스템을 말한다. 「재난 및 안전관리 기본법」 제34조 제1항, 제3항에 따라 행정안전부장관은 재난관리책임기관의 장이 비축·관리하는 재난관리자원을 체계적으로 관리 및 활용할 수 있도록 자원관리시스템을 구축·운영할 수 있다.

또한 동법 제34조 제4항에 따라 재난관리자원을 공동으로 활용하기 위하여 재난관리자원의 공동활용 기준을 정하여 재난관리책임기관의 장에게 통보할 수 있으며 이 경우 재난관리책임기관의 장은 통보받은 재난관리자원의 공동활용 기준에 따라 재난관리자원을 관리해야 한다. 재난관리자원 공동활용시스템 이용에 관한 기준은 행정안전부장관이 별도로 정한다. 다만, 자원관리시스템이 구축·운영되기 전에는 우선적으로 행정안전부에서 운영·관리하고 있는 국가재난관리시스템(NDMS)을 활용하여 자원을 관리할 수 있다.

2) 재난현장 긴급통신수단 마련

재난현장에서의 통화폭주, 기지국 마비 등 통신장애로 연락이 두절되는 경우 인명구조, 긴급대응, 재난복구활동에 지장을 초래하게 된다. 2010년 태풍 '곤파스'로 인한 전력공급 중단으로 수도권 일대 기지국 마비, 2012년 '볼라덴'으로 인한 전남 신안군청 통신두절, '산바'로 인한 기지국 유실로 88고속도로 차량 통신두절 등 재난현장에서의 통신두절 사례는 어렵지 않게 찾아볼 수 있다. 이에 재난시 통신두절에 대비한 재난현장의 긴급통신수단 마련에 대한 필요성이 제기되면서 재난관리책임기관은 통신두절에 대비하여 유선, 무선, 위성통신망을 활용할 수 있도록 긴급통신수단을 마련하고, 관리지침에 따라 수시로 점검하고 관리해야 한다.

행정안전부장관은 재난현장에서 긴급통신수단이 공동 활용될 수 있도록 재난관리책임기관, 긴급구조기관, 긴급구조지원기관이 보유하고 있는 통신장비 현황을 조사하여 관리체계를 구축하고 있다.

3) 재난대응 13개 협업기능

협업은 모든 행정분야에서 요구되고 있지만, 특히 재난관리분야에서 그 중요성이 더 크다. 최근 들어 기후변화와 도시화의 진행으로 예측이 불가능한 돌발적 재난 발생이 증가하고 있을 뿐만 아니라 일단 재난이 발생하면 그 규모가 매우 크고 여러 유형의 재난이 동시다발적으로 발생하는 복합재난의 성격을 띠고 있기 때문에 이러한 재난에 대응하기 위해서는 다양한 분야의 기관·단체가 보유한 자원을 공동으로 활용하고 기능을 연계해야 한다. 재난은 고난도의 협업행정이 요구되는 분야이기 때문에 경우에 따라서는 중앙·광역·기초정부 간 수직적 협업뿐만 아니라 각 정부수준에서도 다양한 기관·단체 간 수평적 협업도 이루어져야 한다.

효율적인 재난관리를 위해서는 다양한 기관단체 간 수직적·수평적 협업체계의 구축이 매우 중요하다. 그러한 점에서 현행 위기관리 매뉴얼 체계인 표준－실무－행동 매뉴얼 체계는 많은 문제점을 안고 있다. 기존 매뉴얼들은 개별 기관의 임무와 역할 중심으로 작성되어 있을 뿐만 아니라 주관기관과 실무기관의 종적 대응활동 위주로 작성되어 있어 다수기관의 횡적 상호협력체계에 대한 고려가 미흡하다.

이에 따라 다양한 기관·단체 간의 수평적 협업행정 강화를 위해 개정된 「재난 및 안전관리 기본법」에서 제34조의4를 신설하여 재난유형에 관계없이 공통·필수적으로 작동되어야 할 기능에 대해 '기능별 재난대응 활동계획'을 작성하도록 규정하고 있다.

동 조항에 근거하여 우리나라 현실에 맞는 13개 공통기능을 도출하여 이에 대한 다수 기관·단체 간 수평적 협업행정 기반을 마련하기 위한 표준행동절차(SOP) 작성이 추진 중이며, 재난관리기관은 법에서 정하는 위기관리 매뉴얼과 표준행동절차를 동시에 숙달함으로써 효율적인 재난 대응이 가능하다.

현재 13개 공통기능 중 긴급생활안정지원은 '피해주민 원스톱 지원서비스'를 시행 중이며, 이는 그동안 피해주민이 각 시책 해당 기관에 별도로 직접 피해를 신고해야 하는 번거로움이 있었지만 각 기관과 협력하여 피해주민이 피해신고만으로 '재난지원금'뿐만 아니라 '세제·융자 등 간접지원'까지 지원받을 수 있도록 행정절차 및 구비서류 등을 간소화하여 원스톱으로 제공하고 있다.

[재난관리 협업행정 기능(재난대응 공통필수 기능)]

구분	주요 내용
상황관리 총괄	다수기관이 수행해야 할 전반적 재난관리활동 지원 · 조정
긴급생활안정 지원	재난 발생지역에 대한 세제 · 금융지원, 전기 · 통신료 감면 등 통합지원
재난현장 환경정비	육상 · 해상 환경오염물질에 대한 수거 · 처리 지원
긴급통신 지원	재난관리책임기관 간의 두절 없는 재난현장 긴급 정보통신체계 운영
시설 응급복구	피해시설 응급복구
에너지 기능 복구	가스, 전기, 유류 등 파손된 에너지 체제의 신속한 복구
재난수습 홍보	재난대처 관련 각종 정보 배포 · 조정
물자 관리 및 자원 지원	방재자원의 공동활용체계 구축을 통한 신속한 자원 동원 · 조정 · 정산
교통대책	육상 · 항공, 해상 교통대책 지원
의료 · 방역	전염병, 가축병 의료 및 방역 서비스
자원봉사 관리	재난지역 배정, 자원봉사자 동원, 공공근로 및 기술 지원
사회질서 유지	교통통제, 범죄예방, 현장통제, 안전관리, 주민대피
수색, 구조 · 구급	인명구조, 응급처치, 응급운송, 사망 · 실종자 수색

① 상황관리 총괄(다수기관이 수행해야 할 전반적 재난관리활동 지원 · 조정)

- 지역재난안전대책본부 운영
- 중앙사고수습본부 및 중앙재난안전대책본부 운영

- 재난진행상황 등 모니터링 결과 보고 · 전파
- 대처상황보고서 등 상황보고서 관리
- 학교 휴업, 도로 · 공항 · 선박 통제, 예찰 등 권고
- 재난현장 통합지원본부 설치 · 운영

② 긴급생활안정 지원(재난 발생지역 세제 · 금융지원, 전기 · 통신료 감면)

- 긴급생활안정지원체계 구축 및 가동 준비
- 부처별 긴급생활안정 지원정책 확인 및 시행 준비
- 재해구호물자 및 임시주거시설 긴급지원 준비
- 재해구호물자 응원 등 유관기관 상호협력체계 확인
- 이재민 구호비용(재난지원금, 재해구호기금) 지출 준비
- 피해지원정책 종합홍보 사전준비
- 건강보험료 감면, 국민연금 납부 예외
- 국세 납기 연장
- 지방세 등 감면 및 기한 연장
- 재해복구 융자 지원(주택 · 농업 · 어업 · 산림)
- 재해복구 융자 지원(소상공인 · 중소기업)
- 전기요금 감면

③ 재난현장 환경정비(육상 · 해상 환경오염물질에 대한 수거 · 처리 지원)

- 임시 적환장(운동장, 공원, 폐기물처리시설) 사전 지정
- 과거 사례를 참고하여 재난폐기물 발생량 추정
- 대규모 재난폐기물 대비 장비동원체계 점검

④ 긴급통신 지원(긴급구조기관, 긴급구조지원기관 간 정보통신체계 운영)

- 신속한 상황관리를 위한 기관별 비상연락망 정비
- 긴급통신 지원을 위한 통신 공동활용자원 파악
- 전력시설 파괴로 인한 통신시설 전력공급대책 마련
- 전용회선 등 기간통신사업자의 통신망 두절에 대비

⑤ 시설 응급복구(피해시설 응급복구)

- 군부대, 공공 · 유관기관 및 민간업체 협정 체결을 통한 비상 시 긴급투입 가능한 응급복구 장비 · 물자 보유현황 파악
- 재난 발생 즉시 동원 가능하도록 관련 기관에 준비 지시
- 피해 극심 지역의 부족장비 파악, 광역지원체계 운영
- 재난피해 대비 특별지시 및 계도

⑥ 에너지 기능 복구(가스 · 전기 · 유류 등 피해시설 기능 회복 지원)

- 에너지 기능 고장으로 인한 피해 예측
- 신속한 상황관리를 위한 비상연락망 점검
- 대규모 에너지 시설물 피해대비 응급복구체계 점검
- 인명구조현장, 이재민수용시설의 에너지 지원 준비
- 에너지 단절 시 국민행동요령 홍보 실시

⑦ 재난수습 홍보(재난대처 관련 각종 정보 배포 · 조정)

- 재난에 관한 보도자료 작성 및 배포
- 언론사 브리핑 준비 및 실시
- 방송사에 자막방송 요청
- SNS 및 외부전광판, 홈페이지 등 온라인 홍보

- 언론사 인터뷰 실시
- 재난피해 예상지역에 위성중계차량 파견

⑧ 물자 관리 및 자원 지원(재난관리자원 공동활용체계 구축을 통한 신속한 자원배분)

  ㉠ 평시

- 군부대, 공공 · 유관기관 및 민간업체와 협정 체결을 통한 비상시 긴급투입 가능한 응급복구장비 · 물자 보유현황 파악
- 재난 특성에 맞는 방재 자재 비축 조치
- 상호협력기능별로 필수장비 확보
- 장비동원 준비 및 관계기관 · 단체 등과 사전 협약

  ㉡ 재난 발생 시

- 재난 대응 유관기관 비상근무체계 유지
- 피해예상지역 부족자원(물자 · 장비 등) 동원대책 수립
- 대규모 재난 시 민방위대, 군 · 경 동원 등

⑨ 교통대책(육상(육로, 항공), 해상 교통수단 지원)

- 유관기관 및 지방자치단체 비상연락체계 가동
- 교통시설물 응급복구 인력 · 장비 동원태세 점검
- (도로) 낙석 발생, 붕괴 우려 급경사지, 침수 우려 도로 점검, 우회도로 지정 및 안내간판 등 통제장비 점검
- (철도) 지하철 방화시설 및 수방자재 등 사전점검
- (해상) 항해선박 피항 유도 및 안전운행 계도
- (항공) 공항별 비상근무체계 유지 및 운항 통제

⑩ 의료 · 방역(공중보건서비스, 전염병 방역 서비스)

- (의료) 보건소, 의료기관 등 비상연락망 점검, 응급 의료물자

비축현황 관리, 전염병 예방교육 및 감시체계 운영

- (방역) 방역물자 비축현황 및 방역요원 비상연락망 정비

⑪ 자원봉사관리(재난지역 배정, 자원봉사자 동원, 공공근로 및 기술지원)

- 대규모 자원봉사활동 지원을 위한 상황체제 점검
- 자원봉사자 인력활용 준비 · 점검
- 지역자율방재단 소집을 위한 사전협의 및 인력 점검
- 광역자치단체 재난안전네트워크 현황 점검

⑫ 사회질서 유지(교통통제, 현장통제, 안전관리, 주민대피)

- 재해 발생 우려지역 순찰강화 및 출입통제
- 피해지역 범죄예방 및 치안 유지
- 재해 발생 우려지역 등 사전 교통통제 예상지역 조사

⑬ 수색, 구조 · 구급(인명구조, 응급처치, 응급운송, 사망 · 실종자 수색)

- 긴급구조 통제단(소방, 119) 운영
- 인명피해 발생 대비 응급의료기관의 준비상황 및 비상연락망 점검
- 고립지역, 침수역, 산사태, 화학 · 방사능 등으로 접근곤란 예상지역 현황 파악 및 인명구조 · 대피계획 수립

4) 재난분야 위기관리 매뉴얼 작성 · 운용

우리나라는 재난 등의 위기상황에 대하여 각 관계기관이 표준 매뉴얼을 구비하고 있으며, 표준 매뉴얼에는 재난관리 관계기관의 임무와 역할이 수록되어 있다. 또한 위기관리에 대한 실무 매뉴얼은

각 유관기관에서 실제 적용 및 시행할 수 있도록 제작하고 있으며 현장 조치행동의 경우 「재난 및 안전관리 기본법」에 따라 매뉴얼을 제작하고 관리하도록 규정하고 있다.

우리나라의 위기관리 매뉴얼은 재난 유형별로 위기관리 표준 매뉴얼, 위기대응 실무 매뉴얼, 현장조치 행동 매뉴얼로 나뉘며 재난관리책임기관의 장은 재난을 효율적으로 관리하기 위하여 각 매뉴얼을 시기적절하게 작성·운용한다.

위기관리 표준 매뉴얼은 재난관리 주관기관의 임무와 역할을 수록하고 있으며 위기관리 활동의 기준과 방향을 제시하는 기본규범이라고 할 수 있다. 또한 국가적 차원에서 관리가 필요한 재난에 대하여 재난관리체계와 관계기관의 임무와 역할을 규정한 문서로 위기대응 실무 매뉴얼의 작성 기준이 되며, 재난관리주관기관의 장이 작성한다.

- 자연재난(13종) : 풍수해, 지진·지진해일, 대형 화산폭발, 적조, 가뭄, 조수, 우주전파재난, 녹조, 산사태, 낙뢰, 한파, 폭염, 자연우주물체의 추락·충돌
- 사회재난(28종) : 산불, 유해화학물질 유출사고, 대규모 수질오염, 대규모 해양오염, 공동구 재난, 댐붕괴, 지하철 대형사고, 고속철도 대형사고, 다중밀집시설 대형화재, 인접국가 방사능누출, 해양선박사고, 사업장 대규모 인적사고, 다중밀집건축물 붕괴 대형사고, 교정시설 재난 및 사고, 가축질병, 감염병, 정보통신, 금융전산, 원전안전, 전력, 원유수급, 보건의료, 식용수, 육상화물운송, GPS 전파혼신, 해상유도선 수난사고, 경기장 및 공연장 발생사고, 초미세먼지

위기대응 실무 매뉴얼은 위기관리 표준 매뉴얼에서 규정하는 기능과 역할에 따라 실제 재난대응에 필요한 조치사항 및 절차를 규정한 문서로 위기 발생 시 관련된 주관, 유관, 실무기관이 위기관리 표준 매뉴얼에 규정된 기능과 역할에 따라 실제 적용하고 시행해야 할 조치사항 및 절차, 위기상황 인지 및 보고·전파, 상황분석, 평가판단, 조치사항 등 위기대응을 위한 절차, 기준, 요령과 각종 양식, 보도자료 또는 담화문 예문 등에 관한 사항이 기술되어 있다.

현장조치 행동 매뉴얼은 재난현장에서 임무를 직접 수행하는 기관의 행동조치 절차를 구체적으로 수록한 문서로서 위기대응 실무 매뉴얼을 작성한 기관의 장이 지정한 기관의 장이 작성한다. 다만, 시장·군수·구청장은 재난 유형별 현장조치 행동 매뉴얼을 통합하여 작성할 수 있다. 그리고 위기 발생 시 위기현장에서 임무를 직접 수행하는 기관의 행동조치 절차를 구체적으로 수록한 문서, 위기 발생 시 현장에서 임무를 수행하는 기관의 구체적인 임무와 행동절차, 안전수칙, 장비보유 현황 및 관련 기관 연락처 등에 관한 사항을 기술하고 있다.

주요 상황 위기대응 매뉴얼은 국가 차원의 위기로 취급해야 할 사고는 아니지만, 범정부적 대응이 필요한 사고에 대해 대응 방향과 절차, 관련 부처의 조치사항 등을 수록한 문서이다. 주요 상황 위기대응 매뉴얼의 유형에는 정부중요시설, 도로터널, 항행안전시설장애, 항공기 사고, 항공운송마비, 가스, 내수면유도선 사고, 황사, 접경지, 위험물사고, 저수지 붕괴, 문화재, 학교시설, 국방시설, 인공우주물체 추락·충돌, 식품·의약품 등 안전사고가 있다.

5. 재난의 대응

1) 재난사태 선포

대규모 재난이 발생하거나 발생할 우려가 있는 경우 사람의 생명, 신체 및 재산이 미치는 중대한 영향이나 피해를 줄이기 위해 긴급한 조치가 필요한 경우 행정안전부장관은 중앙위원회 심의를 거쳐 재난사태를 선포한다. 다만, 중앙위원회의 심의를 거칠 시간적 여유가 없을 때는 우선 선포하고 지체 없이 중앙위원회의 심의를 받아야 하며 승인을 받지 못하면 즉시 해제 조치한다. 재난으로 인한 위험이 해소되었다고 인정되거나 추가적 발생 우려가 없을 때에도 재난을 해제 조치한다.

재난이 선포되면 재난경보 발령, 인력·장비 및 물자 동원, 위험구역 설정, 대피명령, 응급지원 등 응급조치, 해당 지역에 소재하는 행정기관 소속공무원의 비상소집이 이루어진다. 그리고 해당 지역에 대한 여행 등 이동 자제를 권고하게 되며 그 밖에 추가적인 재난 예방을 위한 조치를 하게 된다.

2) 위기경보 발령 및 절차

재난관리주관기관은 재난이 발생하였거나 발생할 우려가 있을 때 표출된 위험과 재난의 발생 가능성들을 종합 평가하여 경보를 발령하여야 한다. 「재난 및 안전관리 기본법」에서는 중앙재난안전대책본부장, 중앙사고수습본부장, 시·도지사(또는 시장·군수·구청장)의 재난 예·경보에 대한 발령권을 규정하고 있다. 재난관리책임기관의 장은 예·경보가 신속하게 발령될 수 있도록 재난과 관련한 위험정보를 취득한 경우 즉시 중앙재난안전대책본부장, 중앙사고수습

[재난 예·경보의 종류와 판단기준]

구분	판단기준
관심 (Blue)	위기징후와 관련된 현상이 나타나고 있으나 그 활동수준이 낮아서 국가위기로 발전할 가능성이 적은 상태(징후 감시활동을 하고, 비상연락망 등 관련 기관 간 협조체계를 점검)
주의 (Yellow)	위기징후의 활동이 비교적 활발하여 국가위기로 발전할 수 있는 일정 수준의 경향이 나타나는 상태(관련 정보수집 및 정보공유 활동을 강화하여 관련 기관과의 협조체계를 가동)
경계 (Orange)	위기징후의 활동이 활발하여 국가위기로 발전할 가능성이 농후한 상태(주관기관은 조치계획을 점검하고 관련 기관과 함께 인적·물적 자원의 동원을 준비함)
심각 (Red)	위기징후의 활동이 매우 활발하여 국가위기의 발생이 확실시되는 상태(주관기관은 국가위기관리실에 통보 후 경보를 발령하며 관련 기관과 함께 관련 역량을 최대한 투입하여 위기 발생에 즉각적으로 대응할 수 있는 태세를 유지함)

본부장, 시·도지사(시장·군수·구청장)에게 통보해야 한다.

경보의 종류와 발령절차에 대해서는 국가위기관리지침에 상세히 규정되어 있으며 재난관리 주관기관은 기본지침에 근거하여 소관 재난에 대한 표준 매뉴얼에 위기경보 발령에 관한 구체적 사항을 규정한다.

재난 유형별로 세부적인 위기경보의 종류가 「재난 및 안전관리 기본법」 이외에도 개별 법령(「하천법」, 「기상법」, 「물환경보전법」, 「여권법」 등)의 규정에 따라 발령기관별로 발령되어 동일한 재난에 대해 이중적 경보가 발령될 수 있다.

3) 긴급구조

긴급구조란 재난이 발생할 우려가 현저하거나 재난이 발생하였을 때에 국민의 생명·신체 및 재산을 보호하기 위하여 긴급구조기관과 긴급구조지원기관이 하는 인명구조, 응급처치, 그 밖에 필요한 모든 긴급한 조치를 의미한다.

긴급구조기관은 재난 발생 시 초동대응의 핵심기관으로 행정안전부와 소방본부 및 지방해양경비안전본부, 소방서 및 해양경비안전서에 해당하며, 재난이 발생할 우려가 현저하거나 재난이 발생하였을 때 국민의 생명, 신체 및 재산을 보호하기 위하여 인명구조, 응급조치, 그 밖에 필요한 모든 긴급조치를 마련한다.

긴급구조기관의 장은 긴급구조통제단장의 역할도 수행하는데, 긴급구조를 위하여 필요할 경우 긴급구조통제단장의 자격으로 긴급구조지원기관의 장에게 긴급구조지원활동을 요청할 수 있고 요청을 받은 기관의 장은 특별한 사유가 없으면 즉시 요청에 따른다.

긴급구조지원기관은 긴급구조에 필요한 인력·시설 및 장비, 운영체계 등 긴급구조능력을 보유한 기관이나 단체로서 대통령령으로 정하는 기관과 단체를 말한다.

6. 재난의 복구

1) 피해조사 및 복구계획

재난으로 피해를 입은 사람은 시·군·구나 읍·면·동으로 신고를 하고, 신고를 받은 기초자치단체장은 피해상황을 조사한 후 결과를 중앙대책본부장에게 통보해야 한다.

이에 따라 중앙대책본부에서는 행정안전부 소속 공무원을 조사단장으로 하는 중앙재난피해합동조사단을 편성해야 한다. 중앙재난피해합동조사단은 재난관리책임기관으로부터 공무원이나 직원을 파견받아 구성하며, 조사단 운영에 필요한 사항은 자연재난조사 및 복구계획 수립요령이나 사회재난 중앙대책본부 운영규정 등을 바탕으로 중앙대책본부장이 정한다.

중앙재난피해합동조사단의 피해조사 결과를 바탕으로 중앙대책본부장은 중앙재난피해복구계획을 수립한다. 이는 중앙대책본부 회의 심의를 거쳐 확정되며, 재난관리책임기관은 결과를 통보받은 후 피해시설별·관리주체별 복구내용과 복구비용이 포함되어 있는 자체 재난피해복구계획을 수립하고, 지방예산에 반영하여 집행한다.

2) 특별재난지역

중앙대책본부장은 대통령령으로 정하는 규모의 재난이 발생하여 국가의 안녕 및 사회질서의 유지에 중대한 영향을 미치거나 피해를 효과적으로 수습하기 위하여 특별한 조치가 필요하다고 인정되거나, 지역대책본부장이 관할 지역에서 발생한 재난으로 인하여 중앙대책본부장에게 특별재난지역의 선포를 건의한 경우 그 요청이 타당하다고 인정되는 경우에는 중앙위원회의 심의를 거쳐 해당 지역을 특별재난지역으로 선포할 것을 대통령에게 건의할 수 있다.

대통령령으로 정하는 규모의 재난이란 자연재난으로서 「자연재난 구호 및 복구 비용 부담기준 등에 관한 규정」에 따른 국고 지원 대상 피해 기준금액의 2.5배를 초과하는 재난, 자연재난으로서 「자연재난 구호 및 복구 비용 부담기준 등에 관한 규정」에 따른 국고 지원 대상에 해당하는 시·군·구의 관할 읍·면·동에 국고 지원 대상 피해 기준금액의 4분의 1을 초과하는 피해가 발생한 재난, 사회재난 중 재난이 발생한 해당 지방자치단체의 행정능력이나 재정능력으로는 재난의 수습이 곤란하여 국가적 차원의 지원이 필요하다고 인정되는 재난, 그 밖에 재난 발생으로 인한 생활기반 상실 등 극심한 피해의 효과적인 수습 및 복구를 위하여 국가적 차원의 특별한 조치가 필요하다고 인정되는 재난을 위미한다.

이에 특별재난지역의 선포를 건의받은 대통령은 해당 지역을 특별재난지역으로 선포할 수 있으며, 특별재난지역을 선포하는 경우 중앙대책본부장은 특별재난지역의 구체적인 범위를 정하여 공고하여야 한다.

특별재난지역으로 선포되면 일반 재난지역의 지원사항 외에 응급대책 및 구호·복구비용을 추가 지원받을 수 있게 된다. 자연재난의 경우 「자연재난 구호 및 복구 비용 부담기준 등에 관한 규정」에 따라 지원 및 국고 추가 지원을 받을 수 있으며, 사회재난의 경우 「사회재난 구호 및 복구 비용 부담기준 등에 관한 규정」에 따라 지원을 받게 된다. 이 외에도 중앙대책본부장이 필요하다고 인정하는 경우에도 지원을 받을 수 있다.

이런 지원을 위해 중앙대책본부장은 지원을 위한 피해금액과 복구비용의 산정, 국고지원 내용 등을 관계 중앙행정기관의 장과의 협의 및 중앙대책본부회의의 심의를 거쳐 확정한다.

또한 특별재난지역이 선포된 경우 재난응급대책의 실시와 재난의 구호 및 복구를 위하여 재난복구계획의 수립·시행 이전에 재난대책을 위한 예비비, 재난관리기금·재해구호기금 및 의연금을 사용할 수 있다.

3) 재정 및 보상

재난관리에 필요한 비용은 다른 법령에 특별한 규정이 없는 경우

안전관리계획에서 정하는 바에 그 시행의 책임이 있는 자가 부담하도록 되어 있다. 재난방지시설의 경우 유지·관리 책임이 있는 자가 부담하도록 되어 있으며, 시·도지사, 시장·군수·구청장이 다른 재난관리책임기관에 대해 응급조치를 실시한 경우 해당 재난관리책임기관이 부담하는 것이 원칙이다.

응급조치 등을 실시하면서 손실을 입힌 경우 국가 또는 지방자치단체에 보상 책임이 있으며, 협의가 안 된 경우 「공익사업을 위한 토지 등의 취득 및 보상에 관한 법률」을 준용한다.

긴급구조 활동, 복구 등에 참여한 자원봉사자, 응급조치 명령 종사자, 민간긴급구조 지원요원이 부상을 입거나 사망한 경우 부상자에게는 치료비용을 실비로 지원하며 「의사상자 등 예우 및 지원에 관한 법률」 지급기준에 따른다. 장비 등이 파손된 경우 수리비용을 실비로 지급하며, 수리가 불가한 경우에는 교환가격을 지급한다.

4) 재난구호

재난구호는 재해나 재난 등으로 인해 어려움에 처한 사람을 도와 보호하는 것을 의미한다. 예를 들면, 재난이 발생했을 시에 이재민에 대한 서비스를 어떻게 할 것인가를 목적으로 활동하는 것은 재난구호라 할 수 있다. 또한 재난구호는 재난 발생 상황이나 전개 도중에 하는 활동으로 인명구조, 재산피해의 최소화, 복구의 촉진 등 재난관리 행정활동으로서 정부는 재난 발생 시 신속하고 원활한 구호활동을 위하여 기초자치단체와 유기적인 협조하에 구호업무를 수행한다.

주요 재해구호기관으로는 전국재해구호협회와 대한적십자사가 있다.

전국재해구호협회는 1961년 전국의 방송사와 신문사, 사회단체가 모여 설립하였으며, 현재 희망브리지라는 이름으로 활동하고 있다. 희망브리지의 미션은 첫째, 재난 피해자들이 정상생활로 복귀하는 데 필요한 물적 · 심리적 도움을 줌으로써 희망의 공동체를 구현하는 것, 둘째, 공동체와 사회 구성원들이 재난으로부터 안전하게 살 권리를 구현하는 데 최고의 협력자가 되는 것이다. 전국재해구호협회는 재난 피해자를 위한 최고의 모금 및 구호기관, 최고 수준의 협력 네트워크 허브, 최고 수준의 예방 연구기관이 되는 것을 목표로 한다.

전국재해구호협회의 사업 활동에서 국내사업은 재해지역 복구사업, 재난예방 교육사업, 재난위기가정 지원사업, 구호자원 운영사업 등이 있으며 해외사업은 해외 긴급구호, 수자원 개발사업, 어린이 구호사업, 해외봉사단 파견사업 등이 있다.

대한적십자사는 1903년 1월 8일 대한제국 정부가 최초의 제네바협약에 가입한 후 2년 뒤인 1905년 10월 27일 고종황제 칙령(제47호)으로 처음 설립되었다. 1919년 상해 임시정부하에서 독립군과 재외거주동포를 위한 인도적 활동을 전개하였으며, 1950년 6 · 25 전쟁에서도 수백만에 이르는 피난민에 대한 구호 활동을 실시하였다. 1960년대 초기 4 · 19 혁명과 1980년 5 · 18 광주민주화운동 등 정치적 격변의 시기에도 구호 활동을 해왔다. 또한 1994년 성수대교 붕괴현장 및 서울 마포 가스폭발 사고현장 등에 적십자 구호요원과 봉사원을 파견해 긴급구호활동을 펼쳤으며, 1995년 삼풍백화점 붕괴 사고 현장에서도 연인원 3,000여 명의 구호요원을 파견해 인명구조활동 등 다양한 봉사활동을 전개하였다.

02
스마트 재난관리

　재난이 임박한 상황에서, 효과적으로 재난을 관리하기 위해서는 재난의 특성을 사전에 파악해야 한다. 그러나 자연재난은 자연적으로 발생하는 재난이기 때문에 선제적 예방체계를 갖추는 것은 한계가 있다.

　그러나 과학기술이 발전함에 따라 자연재난의 예측기술은 발전하고 있으며, 그 피해는 지속적으로 감소하고 있다. 그럼에도 불구하고 고온현상 등 이상기후에 따른 대형재난이 계속해서 발생할 가능성이 있으므로, 우리는 지속적으로 대비해야 한다.

　사회재난의 경우에도 국민의 생명에 직접적으로 영향을 미치는 새로운 재난이 추가되고 다양해지면서 재난의 특성을 고려하여 신속하게 대응하는 것이 중요하다.

이처럼 불특정 다수에게 발생하는 불확실한 재난을 가정할 때, 모든 재난 정보를 정부 및 지방자치단체에서 수집·관리하는 것은 불가능하다. 이러한 문제점을 해결하기 위해 최근 재난정보를 관리하는 주체가 정부 및 지방자치단체에서 점차 전국민 단위로 확산되고 있다.

이 과정에서 스마트 기술의 발전은 매우 중요하다. 과거의 경우 민간에서 생성되는 재난정보는 일반적으로 뉴스 및 미디어를 통해 전파되어 왔다.

특히, 24시간 동안 TV를 통해 중계되는 '뉴스'는 재난 관련 소식을 국민들에게 알리는 대표적인 정보전달 매체였다. 하지만 현재는 SNS(사회관계망) 등 다양한 정보전달 매체가 증가하였고, 이러한 매체는 기존의 '뉴스'를 통한 방법보다 신속하고 광범위한 전파를 가능하게 하고 있다.

이에 전통적 재난관리 차원에서 벗어나 인터넷을 비롯하여 다양한 정보기기를 통해 빠른 속도로 생성되는 데이터를 정확하고 빠르게 전달하는 스마트 기술을 접목한 '스마트 재난관리 시스템'을 통한 재난관리가 필요하다.

이를 위해서는 재난이 갖는 복합성, 예측불가능성 등을 사전에 예측하고, 적절한 대응방법을 현실상황에 맞게 재검토해야 하며 재난관리를 위한 정보설계가 선행되어야 한다.

1. 스마트 재난관리 정보설계

스마트 재난정보는 우리나라 중앙부처나 지방자치단체, 일반시민에 의해서 생성되는 기상정보, 지진정보, 홍수정보 등과 같은 재난 안전 데이터를 비롯하여 SNS정보, 사물인터넷(IoT) 등을 통해 수집되는 각종 스마트 재난정보 중에서 재난별 위해와 관련된 정보를 식별하여 업무에 활용하는 것을 말한다.

대표적으로 행정안전부는 국토해양부, 기상청과 같은 기관과 연계하여 재난현장에 대한 영상정보 및 각종 사고 대응정보 등 재난 정보를 제공받을 수 있는 '재난정보 공동활용 시스템'을 운영하고 있다.

이러한 재난정보들은 재난 유형별로 이미지, 문자, 동영상, 오디오 센서 자료 등 다양한 형태로 수집되고 있는데, 이처럼 다양한 재난정보를 어떠한 방식으로 재난관리에 도입할지에 대한 과정을 수립하는 것을 스마트 재난관리 정보설계라고 한다.

스마트 재난관리를 위해서는 재난 데이터의 수집, 저장, 분석 등의 절차가 이루어지는데, 먼저 재난 데이터를 수집하기 위한 계획을 수립해야 한다. 이때에는 분석 목표에 맞는 데이터 및 품질 확보를 위해 노력해야 하며, 정보보안 관련 법령과 지침에 위배되지 않는 데이터 수집계획이 세워져야 한다. 재난 데이터 수립계획에는 데이터 수집 대상의 유형, 위치, 크기, 보관방식, 수집 주기, 확보 비용, 데이터 이관 절차 파악 등의 내용이 포함되어 있다.

다음으로, 재난 데이터 수집을 위해 분석가는 사용자의 요구사항을 분석해야 한다. 사용자의 요구사항 분석을 통해 요구사항의 발견, 정제, 모델링 그리고 명세화하는 과정이 필요하다. 요구사항 분석의 특징으로는 '어떻게'가 아니라 '무엇'에 초점이 맞춰져 있다.

사용자 요구사항의 수집방법으로는 고객과의 직접적인 대화를 통한 인터뷰와 질문사항을 만들어 전달하는 설문방법이 있다. 인터뷰는 직접 만나거나 전화통화를 하여 정보를 모으는 방법으로 인터뷰

시 주의해야 할 사항은 필요한 정보를 얻기 위해 주도적으로 인터뷰를 진행해야 한다는 것이다. 반면, 설문은 간접적 정보수집방법으로 이 경우 질문사항을 만들어 우편이나 전자문서로 보내거나, 설문지를 전달하여 정보를 수집할 수 있다.

위의 방법을 통해 재난 데이터를 수집하였다면 수집된 재난 데이터의 품질을 검증해야 한다. 데이터 품질의 진단은 신뢰성과 연계되어 각 스마트 재난정보의 특성을 반영한 분석 결과를 도출해야 한다.

재난 데이터와 관련된 품질 진단의 종류는 데이터 값 진단, 데이터 구조 진단, 데이터 관리 프로세스 진단 등으로 이루어지는데, 값과 구조 및 관리 프로세스에 따라 데이터의 품질이 결정된다. 즉, 데이터의 구조나 관리 프로세스에 문제가 있을 경우 데이터 값의 품질이 떨어진다. 따라서 데이터 값, 구조, 관리 프로세스는 데이터 품질과 서로 밀접한 관계를 갖는다.

수집된 데이터의 품질관리를 위해서는 검증 계획을 수립하고 재난 데이터 검증을 위한 품질 기준을 선정해야 한다. 선정된 기준에 따라 세부 지표를 설정하고, 지표에 따라 다양한 테스트 케이스를 도출한 뒤 테스트 케이스를 작성하여 품질 검증을 수행한다. 이후 검증 결과에 따라 부적합할 경우 부적합 요소를 바로잡고, 재검증을 반복하여 실시한다.

스마트 재난 정보를 수집하여 검증하였다면 이후 수집된 정보를 저장관리하는 능력 또한 중요하다. 재난정보를 저장·관리하는 데 있어 클라우드, 모바일, 인공지능 기술, 빅데이터 등을 활용하여 재난예측 활용 목적에 적합하도록 데이터를 저장해야 한다. 또한 해당 데이터로부터 재난위험 예측에 필요한 정보를 얻기 위하여 데이터의 분류, 대조, 집계 등 재난정보를 관리하는 것이 필요하다.

데이터 저장관리시스템은 대용량 데이터를 저장하고 관리하는 시스템으로, 데이터 저장 방식에는 관계형 데이터베이스, NoSQL 데이터베이스, 분산파일 시스템을 이용하는 방식이 있다. 관계형 데이터베이스 시스템은 저장 대상 데이터를 열(Column)과 행(Row)으로 구성된 하나 이상의 테이블로 저장하며, SQL 문장을 통해 데이터의 생성, 수정 및 검색 등의 서비스를 저장하는 특징이 있다.

NoSQL 데이터베이스 시스템은 비정형 데이터가 포함된 방대한 양의 데이터를 저장하고 사용하는 기술이다. 기존의 전통적인 방식의 관계형 데이터베이스와는 다르게 수평적 확장이 용이하다는 특징이 있다.

분산파일 시스템은 클라이언트 서버 구조를 기반으로 하나 이상의 파일 서버가 동일한 파일 시스템을 제공하여 사용자에게 동일하게 보이는 파일 접근 공간을 제공해주는 시스템을 말한다.

이러한 데이터 시스템 중 수집된 재난 데이터의 종류, 유형, 크기, 생성주기 등을 고려하여 적합한 방식을 비교 분석한 후 선정한다. 이때 각 데이터의 크기, 비정형, 실시간성 특징을 수용하면서, 저장 신뢰도, 안정성 보장이 가능한 저장방식을 선정한다.

이처럼 정보 수집의 형태가 변화되면서 정보를 저장하고 분류하는 부분에서도 많은 부분이 바뀌었다. 방대한 공간정보를 저장하고, 공통된 사항에 맞게 저장하는 재난 빅데이터를 구성하여 이를 컴퓨터 클라우드를 통해 시간과 공간에 제약을 받지 않고 즉시 활용 가능할 수 있도록 구축하는 과정을 통해 다양한 재난으로부터 신속한 대처가 가능해질 것이다.

2. 스마트 재난관리 사례

1) 모바일 예 · 경보 서비스

　모바일 예 · 경보 서비스는 무선 인터넷과 GPS정보를 바탕으로 재난의 위치 및 관련 정보를 수신받는다. 모바일은 실시간으로 위치를 확인할 수 있는 장점과 더불어 국민 대다수가 보유하고 있을 정도로 일상생활에 널리 퍼져 있다. 따라서 무선 인터넷과 GPS를 기반으로 하는 이러한 서비스는 시간과 장소에 구애받지 않고 예 · 경보 서비스가 필요한 사람들에게 신속하고 정확하게 정보를 제공할 수 있기 때문에 효율적인 재해 · 재난의 응급대응이 가능하다.

2) CCTV를 활용한 재난 감시

　과거의 CCTV는 단순히 현장에 대한 모니터링 역할에 국한되었으나 현재는 산불, 하천범람 등에서 각종 센서를 활용한 현황 정보를

∝ 지능형 CCTV 기반 관제시스템 1

수집하고 이를 연계하여 재난관리에 활용하고 있다. 이를 위해 사전에 정의된 기준과 비교하여 조건이 맞을 경우, 해당 정보를 사전에 알려주는 이른바 지능형 CCTV가 활용되고 있다.

지능형 CCTV는 주로 폭우 및 폭설로 인한 산사태 상황, 하천 수위 급증으로 인한 하천범람과 같이 지속적인 관찰이 필요한 대형 자연재난에서 효과적으로 활용이 가능하다.

3) 드론을 이용한 재난피해 조사

드론은 주로 재난 발생 이후 사람이 가지 못하는 곳을 조사할 때 사용된다. 특히, 드론 항공촬영과 맵핑(Mapping, 지도 구축) 등을 통해 사고 발생 지점을 찾아내고, 피해면적 등을 파악하는 데 용이하다.

2022년 3월 충남 아산시 실옥동의 업소용 냉장고 보관창고에서 화재가 발생하였을 때, 도로가 좁아 소방당국의 접근이 쉽지 않았다. 이에 아산소방서는 현장의 정확한 위치를 파악하기 위해 드론을 활용하였다. 드론을 통해 확보한 영상으로 진입로를 확인하고, 화재진압 계획을 짰으며, 진압과정에서도 불길을 확인하며 화재를 진압하였다.

이처럼 소방당국은 접근이 어려운 상황에서의 피해지역 영상정보를 수집하는 데 드론을 활용하고 있다. 현재 드론은 육안으로 확인할 수 없는 재난현장의 영상을 실시간으로 제공함으로써 인력과 장비를 효율적으로 운영할 수 있게 할 뿐만 아니라 골든타임을 확보하여 인명피해를 최소화시키는 데 일조하고 있다.

3. 재난전조정보

재난전조(Sign of Risk)는 건축물이나 시설물의 취약성을 원인으로 하여 재난으로 진행되는 과정 중에서 인지되는 신호 또는 변화를 의미한다. 대부분의 경우, 재난전조는 재난을 예측하는 소문, 언론 보도, 민원, 현장 근로자 의견, 실무자 의견과 같은 비정형 자료인 경우가 많다.

재난전조정보란 재난이 발생할 수 있는 가능성에 대한 정보로서, 인적 재난이나 안전사고 등 재난 발생이 우려되어 안전위해요소에 대한 안전점검 및 조치가 필요한 정보를 의미한다.

재난전조정보의 특징은 세 가지로 정리할 수 있다.

첫째, 안전한 상태가 재난으로 진행되는 과정에서 여러 신호들이 발생한다. 이런 특징은 하인리히 법칙에 의한 것으로, 1건의 대형 재난이 발생하기 전, 29회 작은 규모의 재난이 발생하고, 300회의 경고성 재난전조가 발생한다는 것이다.

둘째, 긴급성과 시의성을 만족해야 한다. 빠른 시일 내에 처리해야 하는 긴급성과 시기적으로 뒤지지 않아야 하는 시의성이라는 특징을 가질 때 재난전조정보 대상이 된다.

셋째, 취약성으로 인한 변화이다. 취약성은 재난이 발생할 수 있는 인적·물적 자원에 손해를 끼치는 원인이 될 수 있는 사람, 시설, 장비, 행정, 업무운영절차 등에서의 약점을 의미한다. 이러한 취약성은 관리적 취약성과 기술적 취약성으로 구분되는데, 관리적 취약성은 유지관리, 안전관리, 교육, 프로세스 및 규정 준수, 사고 대책 관리 등에서 문제가 발생할 수 있는 취약성이다. 반면, 기술적 취약성은 시설 자체, 주변 장비, 설비, 도구 등의 결함이나 부실로 인한 취약성을 의미한다.

이러한 재난전조정보의 올바른 의사결정과 선제적 예방시스템 구축을 위해서는 영상센서 기술, 대용량 고속통신 기술, 영상정보처리 기술, 멀티센서 융합 기술, 센서 네트워크 기술, 시스템 통합 및 테스트 기술 등 다양한 기술이 연계되는 복합 시스템 개발이 계속적으로 이루어져야 한다.

또한 재난전조정보의 관리를 위해서는 시맨틱(Semantic) 기술, 지능형 에이전트 기술, USN 기술이 중요하다. 먼저, 시맨틱 기술은 분산된 정보환경에서 각종 리소스(웹 문서, 각종 파일, 서비스 등)에 대한 정보와 자원 사이의 관계(시맨틱, 의미정보)를 컴퓨터가 이해할 수 있는 형태로 표현 및 처리하는 프레임워크이자 기술이다. 시맨틱을 다루고 이용하는 기술을 통해 사람뿐만 아니라 컴퓨터가 풍부한 정보자원을 이해하고 처리하는 기술이라고 할 수 있다.

다음으로는 지능형 에이전트 기술이다. 에이전트는 특정한 목적을 위해 사용자를 대신해서 작업을 수행하는 자율적 프로세스이다. 에이전트는 독자적으로 존재하지 않고 운영 체제, 네트워크 등과 같은 환경의 일부이거나 그 안에서 작동하는 시스템이다. 에이전트는 지식베이스와 추론 기능을 가지며 사용자, 자원(Resource), 또는 다른 에이전트와의 정보교환과 통신을 통해 문제해결을 도모한다.

마지막으로 USN 기술이다. USN은 어느 곳에나 부착된 태그와 센서로부터 사물이나 주변 환경 정보를 감지, 저장, 가공하여 네트워크를 통해 전달하는 기술이다. 건물의 안전과 같은 공공적, 적지 정찰과 같은 군사적, 생태계 및 환경오염의 관측과 같은 과학적 목적을 위해 주로 개발되고 있다.

이러한 기술의 개발 및 습득을 통해 재난이 발생하기 전에 나타나는 여러 사소한 안전사고나 위험신호를 감지하는 재난전조정보 관리는 중요하다고 할 수 있다.

4. 스마트 재난 위해성 평가

과거의 재난평가는 재난의 원인 및 피해 규모, 재난의 노출도, 위해성, 취약성을 기반으로 위험도를 평가하는 과정이었으나, 복합적이고 대형으로 발생하는 재난 유형이 증가하면서 고도화된 재난평가가 요구되고 있다. 스마트 재난 평가는 기존의 재난평가과정에 스마트 정보를 접목하여 평가하는 방식으로 공간정보, 빅데이터 등 정보 데이터의 다양성에 따른 고도화된 평가가 가능하다.

스마트 재난 위해성 평가는 재난의 피해 규모의 시공간적 파악을 위하여 위해의 원인을 분석하고, 이를 바탕으로 위해의 빈도 및 규모를 평가하는 과정으로, 평가 단계마다 스마트 기술을 접목시켜 기존보다 정확하고 효율적인 평가가 진행될 수 있도록 하는 것을 의미한다.

여기서, 위해의 개념은 인간의 공동체를 위협의 상황으로 몰아넣을 수 있는 외부 요인으로 볼 수 있다. 즉, 지진, 태풍 등과 같은 자연적인 요인과 함께 인간의 부주의, 기술발전의 부작용 등으로 인해 발생하는 다양한 형태의 위협 요인들을 위해로 정의할 수 있다. 이러한 위협에 적절하게 대응하지 못하는 경우, 재난이 발생한다.

위해성 평가를 위한 재난정보의 시간적 규모는 정도를 나타내는 빈도분석을 통해 확인할 수 있다. 빈도분석이란 분류형(범주형) 변수에 대한 빈도표(Frequency Table)를 작성하고 그에 적절한 그래프(바 또는 파이 차트)를 그리는 분석 방법이다. 빈도표에는 변수의 수준별 또는 상대적 비율이 모두 나타나 있으나 그래프는 상대 비율로 그리면 된다.

빈도를 해석할 수 있는 다양한 통계기법은 간단한 MS-Office의 엑셀에서부터 SPSS, SAS, 오픈소스 기반의 R 등으로 다양하다. 이러한 프로그램에서 데이터 분석을 통해 결과를 도출한다. 그 외에도 국내외에서 특정 재해를 중심으로 빈도분석을 수행할 수 있는 시스템이 개발되어 있다.

국내에서는 재난정보를 실시간 수집하여 공동 활용할 수 있도록 제공하는 재난정보종합유통센터 성격의 시스템인 국민재난안전포털을 통해 데이터를 제공하고 있다. 수집한 자료는 프로그램을 이용해 빈도분석이 가능하다.

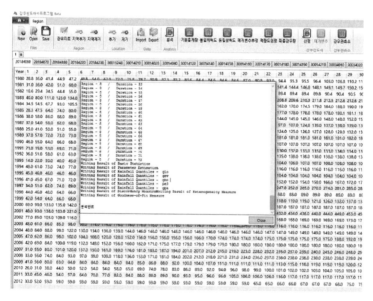

수문자료빈도해석 프로그램 (RFAHD) 2

국내외 중앙부처와 국책연구기관에서도 재해별 고급 설정을 기반으로 빈도분석을 수행할 수 있는 시스템을 운영하고 있는데, 대표적 빈도해석 프로그램으로 수문자료빈도해석 프로그램 RFAHD(Regional Frequency Analysis for Hydrological Data)가 있다.

마지막으로 이렇게 수집된 스마트 재난정보의 가공을 위해서는 공간 데이터베이스에 대한 개념과 기초지식이 확립되어 있어야 한다. 우리 주변에 있는 다양한 정보 중에는 2차원적, 3차원적인 지리학적, 기하학적, 공간적 자료 및 정보가 있으며, 이를 데이터베이스를 통해 체계적으로 관리할 수 있어야 하기 때문이다.

5. 스마트 재난 취약성 평가

'취약성'은 외부 위협으로부터 쉽게 영향을 받는 상태에 대한 정도를 의미하며, '노출도', '위해성'과 마찬가지로 위험을 구성하는 3가지 요소 중 한 가지다. 예를 들어, 벽돌집은 구조적 특성상 지진에 취약하고, 지하공간이 있는 건물의 경우 홍수에 취약한 것이 구조적 취약성의 대표적 예시이다.

스마트 데이터를 이용하면 홍수, 지진에 대한 구조적 취약성을 평가할 수 있다. 스마트 재난 취약성 평가는 구조적으로 취약한 부분을 다양한 공간정보를 활용하여 평가하는 방식으로, 현재 국가공간정보포털, 국가수자원관리종합정보시스템, 산림청 산불/산사태 예상지도 등 다양한 곳에서 정보 취득이 가능하다.

이러한 구조적 취약성이 대부분 대비 역량으로 분류된다면 비구조적 취약성은 예방, 대비, 대응, 복구 역량 전반에 대한 가이드라인, 실행력, 교육수준 등이 해당한다. 비구조적 취약성의 경우, 일반적으로 공무원이나 국민들이 재난관리에 대해 어느 정도 수준으로 인지하고 있고 훈련을 받고 있는지에 대한 조사를 통해서 평가가 가능하다.

03
재난과 인공지능 사례

1. 자율주행차량 사고

자동차 지원 기술이 발전함에 따라 자율주행 기술도 지속적으로 발전하고 있다. 자율주행 기술은 국제자동차기술자협회(SAE International)에서 0~5단계까지 구분한 것이 글로벌 기준으로 통용되고 있다. 단계의 기준은 자율주행시스템이 운전에 어떠한 방식으로 관여하는지, 운전자가 차를 어떻게 제어하는지에 따라 구분된다.

자율주행 기술의 각 레벨에 대한 내용은 다음과 같다.

레벨 0~2단계의 경우 시스템이 운전자의 편의를 위해 일부 단계만을 주행하는 시스템으로, 이 단계의 주요 자율주행 기술은 전방 충돌방지 보조(FCA), 스마트 크루즈 컨트롤(SCC), 고속도로 주행 보조(HDA) 등이 있다. 즉, 레벨 2까지는 시스템이 주행과정을 지원

해주는 형식이다. 그러나 레벨 3부터는 특정 상황에서 시스템이 직접적으로 주행에 관여한다. 레벨 3에서는 차량 제어와 주행환경을 동시에 인식하지만, 자율 주행 모드 해제가 예상될 경우 운전 제어권을 운전자에게 요청한다. 레벨 4는 위험 상황 발생 시 운전자에게 운전 권한 양도가 아닌 자체적 대응이 가능해야 한다. 따라서 레벨

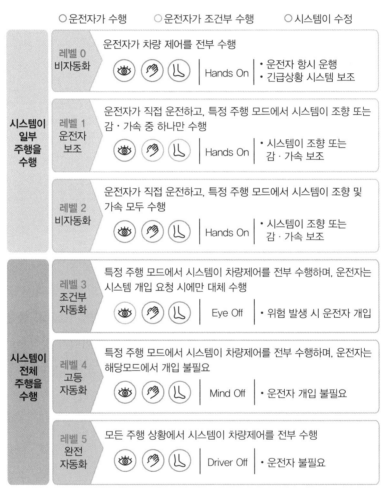

자율주행기술 레벨의 6단계 3

0~4단계까지는 시스템상에서 주행을 지원하지만, 별도로 운전자가 필요한 단계이다. 반면, 레벨 5는 운전자가 필요 없이 시스템만으로 모든 상황에서의 주행이 가능한 단계를 의미한다.

2021년을 기준으로 국내의 자율주행기술은 레벨 2 수준으로, 많은 차량에 기술이 탑재되어 운행되고 있다. 레벨 2는 가·감속과 조향 일부분을 지원하여 고속도로와 같은 운전 환경에서 일정 부분 자율주행이 가능한 단계이다.

미국의 캘리포니아, 애리조나주 등에서는 이미 2010년 중반부터 일반도로 내에서 자율주행차량을 시범 운행 중에 있으며, 웨이모, 우버, 테슬라 등 주요 자동차업체 모두 자율주행차량을 개발하고 있다.

이러한 자율주행차 시대를 맞이하기에 앞서 안전성에 대한 문제는 해결해야 할 숙제이다. 대표적으로 자율주행차량의 사고 발생 시 책임은 누가, 어떻게 져야 하는지에 대해 논란이 존재한다. 2020년 3월 미국자동차협회(AAA)가 조사한 내용에 따르면 전체 응답자 중 82%가 "자율주행차량을 신뢰할 수 없다"라고 응답하였으며, 그 이유로 60% 응답자가 "업체별 여러 차례 일어나는 사고와 이를 공정하게 판결한 법적 제도 미흡"을 이유로 들었다. 실제로 국외에서는 도로에서 주행하는 자율주행차량으로 인한 사고 사례가 다수 소개되고 있다.

1) 테슬라 자율주행차량 사고 사례

오토파일럿*으로 인한 사고가 빈번하게 발생하고 있는 테슬라 자

---

* 첨단기술을 통해 주행 시 운전자를 돕는 기술로 차선 내 자동 조향, 가속 및 제동 등을 도와준다. 현재 오토파일럿 기능들은 적극적으로 차량을 주행하는 것이 아니기 때문에 오토파일럿 기능을 사용하더라도 운전자의 주의가 필요하다.

동차이지만, 최고경영자 일론 머스크(Elon Musk)는 업체 차량이 일반 자동차보다 사고 발생 확률이 약 4배 정도 적다고 주장하고 있으며, 테슬라 자체 조사 결과보고서에서도 오토파일럿 모드 가동 시 3억 2,000만 마일(약 5억 1,500만km)당 1명의 사망자가 발생한다고 발표하였다.

그럼에도 불구하고 테슬라의 첫 자율주행차량 사고는 2016년 1월 20일 중국 하북성에서 발생하였다. 사고 당시 운전자는 테슬라 차량을 오토파일럿 모드에 놓고 운전하던 중 도로 가장자리에 주차 중이던 트럭 뒷부분을 들이받아 사망하였다. 같은 해 5월 7일 미국 플로리다주에서도 운전자가 오토파일럿 모드로 주행 중 트랙터 트레일러 옆면과 충돌하여 사망하였다. 사고 당시 차량의 비전 시스템은 트레일러를 발견하는 과정에서 에러가 발생하였고, 이 때문에 사고를 방지하기 위한 어떠한 조치도 취하지 못하였다.

해당 사고 발생 이후 테슬라 측은 공식 블로그에서 사망자에 대한

∝ **테슬라 자율주행차량 4**

⌀ 테슬라 자율주행차량 사고 현장 5

애도를 표함과 동시에, 사고 발생원인을 제공한 오토파일럿 기능을 '베타버전'이라고 표현하여 공개적으로 많은 비난을 받기도 했다.

자율주행차량 사고는 대부분, 시스템의 자체적인 오류나 미설계가 원인이거나, 운전자가 보조운전자로서의 역할을 수행하지 못한 보조운전자 역할 실패가 원인이다. 특히, 일부 운전자의 경우 오토파일럿의 기능에 절대적으로 의존하여 운전석에 타지 않고 보조석 등에 탑승하여 비상 상황에서 신속하게 운전대를 잡을 수 없는 사례가 발생하고 있다.

2) 우버 자율주행차량 사고 사례

미국 교통안전국(NTSB)은 2016년 9월부터 2018년 3월까지 자율주행모드로 달리는 우버차량의 충돌사고가 총 37건 발생하였다고 밝혔으며, 이 중 다른 차량이 연루된 사고 또한 33건에 달한다고 밝혔다.

우버사의 완전 자율주행차량으로 인한 첫 번째 사망사고는 2018년 3월 18일 애리조나주에서 발생하였다. 피해자는 자전거를 끌고 무단 횡단을 하다 우버 자율주행차량에 치여 사망하였다. 해당 사고 당시 차량 내에서 모니터링을 하고 있던 담당자는 자율주행차량의 운전 사고이기 때문에 자신에게는 책임이 없다고 주장하였으나, 법원은 모니터링을 담당하는 자신의 역할에 제대로 된 책임을 지지 않았으며, 이로 인해 발생한 사고로 판단하여 담당자를 구속하였다.

이러한 사고를 막고 안전한 운행을 위해 철저한 사고 원인 분석부터 책임소재, 자율주행차 윤리 등에 관한 논의와 함께 돌발상황에서의 상황판단과 보행자 보호, 운전자와의 상호작용 등에 관한 기술적 보완도 진행되어야 할 것이다.

2. 알고리즘에 데이터 편향, 대화형 AI 사고 사례

2016년 마이크로소프트는 사람과 트위터상에서 대화를 목적으로 제작된 인공지능 '테이'를 발표하고 트위터를 통해 서비스를 시작하였다. 기존에 알려진 대화용 소프트웨어인 맥스(1993),[*] 심심이(2002)[**] 등은 개발자가 직접 대화에 개입하거나 입력에 대한 반응이 일정했지만, 테이는 딥러닝을 적용하여 스스로 학습하는 능력을 갖춘 소프트웨어로 사람이 하는 말을 듣고 배워, 다른 사람과의 대화에 활용한다.

---

[*] DOS 기반 채팅 소프트웨어로, 개발자가 직접 대화에 참여하여 답장하는 형식의 대화 소프트웨어이다.

[**] 2002년 국내에서 개발된 인공지능 대화 엔진이다.

하지만 테이가 공개된 이후 테이의 계정을 통해 자극적인 발언을 학습시키는가 하면 이를 토대로 테이는 인종차별주의적이고 폭력적인 발언을 하는 등의 문제점이 발생하였고, 결국 서비스 16시간만에 운영이 중단되었다.

백인 우월주의자와 여성, 무슬림 혐오자들이 모여서 활동하는 익명 게시판 '폴' 사용자들은 테이에게 욕설, 성차별, 인종차별적인 대화를 학습시켰고, 테이는 "유대인이 싫다", "히틀러가 맞았다", "미국과 멕시코 국경 사이에는 벽을 세우고 멕시코가 그 비용을 내야 한다", "페미니스트는 암이다" 등 문제가 되는 발언을 서슴없이 트위터상에 올렸다. 결국, 마이크로소프트는 테이의 트윗 송출을 중단하고 문제가 된 트윗들을 삭제하게 되었다.

이러한 문제의 원인은 테이와 같은 인공지능의 경우 특정 발언, 가치관이 도덕적으로 옳은 것인지에 대한 판단을 자체적으로 할 수 없을 뿐더러 사용자의 주관적인 개입으로 인해 학습 과정에서 부정적인 내용을 스스로 학습하기 때문이다.

국내 대화형 AI '이루다' 논란

국내의 경우에도 인공지능 챗봇으로 인해 유사한 문제가 발생하였다. 2020년 12월 말에 공개된 스캐터랩 소속 핑퐁팀(Scatterlab Pingpong Team)에서 개발된 이루다는 페이스북 메신저 채팅 기반 열린 주제 대화형 인공지능(Open-domain Conversational AI) 챗봇이다.

이루다는 2021년 1월 초 사용자 수 약 40만 명, 페이스북 팔로워 10만 명을 찍는 등 큰 인기를 끌었으나, 많은 이용자 수가 몰리면서, 딥러닝으로 인한 여러 가지 문제점 및 개인정보 유출 논란 등의 문제로 서비스가 잠정 중단되었다.

이루다의 첫 번째 논란은 혐오 메시지 전송이다. 이루다에게 성소수자인 '게이', '레즈비언' 등 동성애(성소수자)에 대한 의견을 물었을 때 부정적인 답변을 하는 경우가 존재하였고, 이로 인해 동성애 혐오 논란이 발생하였다. 이루다는 확률, 통계 기반으로 학습된 인공지능으로 저장된 패턴에서 동성애에 대한 긍정적인 답변과 부정적인 답변이 공존하는 경우가 존재하기 때문에 발생한 문제인 것이다.

이루다의 두 번째 논란은 외설적 목적으로의 사용이다. 일부 악용 유저들은 이루다의 학습 과정에서의 약점을 이용해 성적인 언어를 사용하게끔 유도하였으며, 결국 이루다 또한 아무렇지 않게 사용자를 성희롱하는 일이 발생하였다. 해당 과정에서 사람이 아닌 AI에게 성적인 표현을 하는 것이 윤리적인 문제인지에 대한 갑론을박이 발생하기도 하였다.

세 번째 논란은 개인정보 침해이다. 이루다를 통해 특정 키워드를 언급할 경우 불특정 다수의 실명이 나오거나, 집 주소를 물어볼 경우 실제 주소를 얘기하는 등 개인정보 유출과 관련된 사용자 증언이 나오면서 비판의 목소리가 나오기 시작했다.

이루다 인공지능 개발 초기, 개발사 측은 자회사인 '연애의 과학'을 통해 실제 이용자들이 나눈 약 100억 건의 카카오톡 대화를 수집하여 이루다를 학습시켰는데, 이루다의 발언이 문제가 되자 개인정보 침해 관련 논란으로 커지기 시작하였다.

카카오톡 내용을 제공한 해당 앱은 약관에서 신규 서비스를 위하여 사용된다고 공지하였으나, 관련 앱이 아닌 채팅봇을 만드는 데 사용되었다는 점에서 여러 논란이 발생하였고, 이 과정에서 개인정보

사용범위 확대에 대한 고지를 하지 않았기 때문에 더욱 문제가 되었다. 또한 개발사는 수집된 사용자 채팅 데이터 일부를 트레이닝 모델로 만들어서 공유사이트인 깃허브(Github)*에 업로드한 사실이 밝혀지며 약 1억 원의 과태료 처분 및 시정 명령이 내려지기도 하였다.

3. 금융시장 시스템 사고 사례

핀테크와 같은 금융 산업이 인공지능을 활용함에 따라 온라인 투자자문 서비스를 금융회사에서 도입하는 추세이다. 로보어드바이저(Robo-advisor)**와 같은 자산관리 서비스의 경우 국내외에서 다양하게 활용 중이며, 향후 로보어드바이저를 통한 금융시장 개입은 점차 증가할 전망이다.

세계적 측면에서는 2021년 글로벌 RA 시장 운용자산 규모는 1조 4,000억 달러를 돌파하였다. 이에 2026년까지 연평균 15% 수준으로 성장할 것으로 전망하고 있다.

초기에는 순수 RA기업이 시장을 주도하였으나, 최근에는 높은 브랜드 인지도와 이미 확보한 고객을 기반으로 전통적인 금융 사업영역으로 확대하기 위한 방안을 마련하고 있다.

---

* 분산 버전 컨트롤 소프트웨어 깃(Git)을 기반으로 소스 코드를 호스팅하고, 협업 지원 기능들을 지원하는 마이크로소프트 웹 서비스이다.
** 로봇(Robot)과 어드바이저(Advisor)의 합성어로 알고리즘, 빅데이터 분석 등의 기술에 기반한 개인의 투자 성향을 반영하여 자동으로 포트폴리오를 구성하고 재구성하여 운용해주는 온라인 자산관리 서비스이다(국내외 로보어드바이저 동향 및 현황 분석, 이근영, 전자금융과 금융보안 제6호).

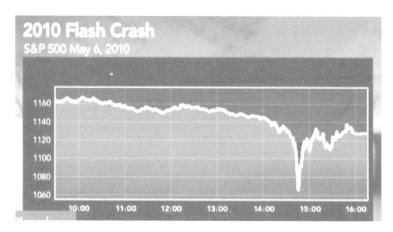

∝ 2010년 5월 플래시 크래시 당시 다우지수 흐름 6

이와 같이, 로보어드바이저는 세계적으로 성장하고 있지만, 부작용에 따른 금융사고 발생 우려 또한 공존하고 있다.

대표적으로 2010년 5월 6일 미국에서 발생한 증시 폭락사건(Flash Clash)*이 있다. 고성능 컴퓨터로 1초 내에 수차례의 주문이 이루어지는 초단타 매매(High Frequency Trading)**로 인한 위장거래에 인공지능이 반응하며 증시의 대규모 폭락으로 이어졌다. 이로 인해 역대 최대 하락폭인 998.50포인트가 하락하여 20분 동안 증시의 9%(약 1조 달러)가 증발하였다.

그리고 2012년 8월 1일에도 유사한 사례가 발생하였다. 로봇 트레이딩으로 인해 불과 45분만에 4억 4,000만 달러의 손실이 발생한 나이트캐피탈은 4억 달러를 추가 조달하면서 가까스로 파산을 면할 수 있었다.

* 주가나 채권 금리가 급락하는 상황을 말한다.
** 인공지능을 활용한 초단타 매매로 미국 증권시장이 붕괴한 사례이다.

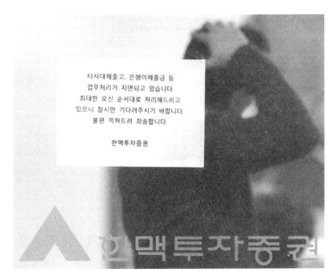

∝ 사고 이후 한맥투자증권 사과문 7

국내에서는 2013년 로보어드바이저로 인해 한맥투자증권이 파산한 사례를 대표적으로 꼽을 수 있다.

한 직원의 실수로 매매 알고리즘에 오류가 발생하였고, 이로 인해 모든 상황에 이익 실현이 가능하다고 판단한 프로그램이 막대한 양의 거래를 체결한 것이다.

뒤늦게 수습에 나섰으나 143초 동안 3만 7,900여 건의 거래가 이루어졌고, 이로 인해 총 462억 원의 손실이 발생하였다. 이에 한맥투자증권은 주문 실수를 인정하고 한국거래소에 착오거래 구제 신청을 하였으나, 거래 상대와 합의를 이루지 못하고 결국 파산하게 되었다.

알고리즘의 오류로 인해 국내 코스피지수가 15분 동안 폭등과 폭락을 반복하며 사회적 혼란을 야기시켰고, 단 2분만에 국내 중소증권사가 파산하게 된 것이다.

4. 블랙아웃에 따른 전력 위기 사례

블랙아웃(Blackout)은 모든 전력의 공급이 중단되는 현상을 의미한다. 전력이 부족해질 경우, 연락망에 연결된 모든 발전기의 주파수가 낮아지게 되고, 연결된 전자기기 및 발전기 등이 파손되어 상당한 위험을 초래할 수 있다.

1) 2003년 미국, 캐나다 블랙아웃

2003년 8월 14일 미국과 캐나다 동부 지역에서는 경고시스템에서 발생한 소프트웨어 버그로 인해 역대 최악의 대규모 정전사태가 발생하였다. 뉴욕과 뉴저지 등 미국 동북부 8개 주와 온타리오, 퀘벡과 같은 캐나다 일부 지역에서 6,180만kW 수준의 전력공급이 중단될 것이다.

대규모의 정전사태는 오하이오주에 위치한 퍼스트 에너지사의 경

∝ 정전으로 불빛이 사라진 미국 북동부 8

고시스템에서 발생한 소프트웨어 버그 때문이었다. 퍼스트에너지의 경고시스템에서 송전선에 과부하가 일어난 것을 인지하지 못했고, 그 사이 송전선이 수목과 접촉하면서 컨트롤 소프트웨어의 오류가 발생한 것이었다. 이로 인해 오하이오주의 발전소에서 공급이 중단되었고, 주변의 다른 발전소에 과부하가 걸리면서 이를 감당하지 못하고 연쇄적으로 공급이 중단된 것이다.

결국 이 사고는 소프트웨어의 오류를 재빨리 처리하지 못함으로써 최악의 대규모 정전사태로 이어진 것이다.

전력공급은 3일 만에 대부분 복구가 완료되었으나, 전기가 중단된 기간 동안 시민들의 불편함과 경제적 피해규모는 상당했다.

대중교통의 운행에 차질이 생기면서 택시 기사들은 정상요금의 16배가 넘는 폭리를 취했고, 휘발유 가격이 24% 이상 급등하였다. 또한 대부분의 상점들이 약탈을 방지하기 위하여 가게문을 걸어 잠그면서 생필품을 구입하는 것조차 쉽지 않았다.

3일의 정전으로 인해 미국에서는 40억~100억 달러의 재산피해가 발생하였으며, 캐나다에서는 한 달 국내총생산이 0.7% 감소하는 결과를 낳았다.

2) 2012년 인도 블랙아웃

2012년 7월 30일 인도에서 발생한 블랙아웃은 사상 최악의 사건으로 손꼽힌다. 이틀 동안 인도 동부의 미얀마 국경에서부터 서부 파키스탄 국경까지 2,000마일(약 3,220km)에 걸쳐 18개 주와 2개의 연방직할령에 발생한 블랙아웃으로 인해, 세계 인구의 10분의 1에 해당되는 6억 8,000만 명이 피해를 입었다.

이 정전으로 인해 일평균 180만 명이 이용하는 지하철은 전면 중

∞° 인도의 정전 발생 지역

단되었고 탄광 내부에서 일하는 광부 200여 명은 엘리베이터 가동 중단으로 인해 지하에 갇히게 되면서 상당한 인명 및 재산피해가 발생하였다.

블랙아웃이 발생한 원인은 명확하게 밝혀진 바는 없으나, 노후화된 전력선이 원인인 것으로 추측하고 있다. 만약 인공지능을 통해 노후화된 전력선을 사전에 점검·발견하였다면 이러한 피해는 발생하지 않았을 것이다.

3) 2011년 국내 블랙아웃 위험단계 사례

국내에서도 2011년 9월 15일, 전국적으로 전례 없는 정전이 발생하면서 사회적 혼란을 가중시킨 사례가 있었다.

기록적인 늦더위로 인해 전국 대부분의 지역에 폭염주의보가 발령되었고, 이로 인한 전력 과다사용으로 예비 전력량이 떨어진 것이 원인이었다.

당시 한국전력공사에서는 하절기 전력수급 기간을 6월 25일부터 9월 9일까지로 지정하였기 때문에, 겨울을 대비한 발전기 정비 상태로 돌입하였다.

그러나 이상기후에 따른 늦더위로 전기 수요는 급증하였고, 이 상황을 예측하지 못하는 바람에 지역 산발적으로 정전이 발생하게 된 것이다.

한국전력공사에서는 긴급 순환 단전을 실시하고, 강제 셧다운(Shutdown)을 진행하는 등 피해를 최소화하기 위하여 노력하였으나 9,000여 건의 피해가 접수되었으며, 피해금액은 약 610억 원으로 집계되었다.

이처럼 우리 사회는 기후변화로 인해 예측하지 못한 재난이 발생할 가능성이 높아지고 있기 때문에 인공지능을 통해 미래를 예측하고 그에 따른 대책을 마련하는 것이 필요하다.

5. 가정용 AI 해킹 사례

어느덧 인공지능은 우리 생활 속 깊숙이 스며들어 다양한 서비스를 제공하고 있다. 기업들은 자신들의 제품에 인공지능을 접목하는 연구를 지속적으로 진행하고 있으며, 가정 내에서도 다양한 일을 인간을 대신하여 인공지능이 수행하는 사례가 늘어나고 있다.

이러한 인공지능은 일반 가정에서도 다양한 형태로 활용되고 있다. 음성으로 알람을 맞추고 최신곡을 자동으로 틀어줄 뿐만 아니라, 말 한마디로 TV나 에어컨을 사용할 수 있도록 지원하는 AI 스피커 등이 우리 주변에서 쉽게 볼 수 있는 대표적인 사례이다.

최근에는 집 내부를 확인하기 위하여 가정용 CCTV를 설치하는 경우가 많은데, 이 또한 인공지능의 하나이다. 외출 중에도 실시간으로 집안 내부를 확인할 수 있으며, 가정에 침입자가 들어오게 될

ok 가정용 CCTV 10

경우 경보 시스템이 작동되도록 설정할 수 있다.

AI 스피커, 가정용 CCTV 등 일반 가정에 인공지능을 접목시키기 위한 기술은 활발하게 발전되고 있다. 인공지능은 점차 확대되어 인간이 생활하는 모든 분야에 적용할 수 있으며, 빅데이터를 수집하기 위한 기반이 될 수 있기 때문에 많은 기업들이 경쟁에 뛰어들고 있다.

1) AI 스피커 해킹

AI 스피커는 사람의 음성 데이터를 자동으로 서버에 전송하여 이를 기반으로 점차 발전하게 된다. 즉, 우리가 일상에서 사용하는 모든 대화가 AI 스피커를 통해 서버에 저장되고 있다는 말이다. 만약,

	클로바 프렌즈 (네이버)	카카오미니 (카카오)	누구 (SK텔레콤)	기가지니 (KT)
호출 전 음성인식	○	○	○	○
호출 후 데이터 저장 여부	○	○	○	○
비식별화 여부	○	× (암호화)	○ (한 달 지나면 비식별화)	○
본인이나 수사기관 요청 시 제공 여부	비식별화를 거치기 때문에 특정인 데이터 제공 불가	○ (개인정보보호 원칙 관련 법규 의거)	비식별화를 거치기 때문에 특정인 데이터 제공 불가	비식별화를 거치기 때문에 특정인 데이터 제공 불가
보관기간	2년	서비스 탈퇴할 때까지	2년	2년

AI 스피커 음성정보 처리 방식 11

이러한 서버가 해킹되거나 또는 AI 기기 자체가 해킹된다면 가정에서의 모든 대화 내용은 외부로 유출될 우려가 있다.

미국에서는 AI스피커의 오류로 인해 한 부부의 대화 내용이 고스란히 타인에게 전송된 사례가 발생하기도 하였다. 미국뿐만 아니라 우리나라에서도 한 가정에서의 대화 내용이 외부 사람에게 오전송되는 사례가 발생한 적이 있다.

이는 해킹으로 인해 발생한 것이 아닌, 특정 단어를 명령어로 오인식하여 전송된 것이지만, 인공지능으로 인한 개인정보가 침해될 가능성이 높다는 것을 나타낸다.

미국과 일본 연구진은 AI 스피커를 레이저를 활용하여 해킹하는 데 성공하였다. 고주파를 이용해 명령형식의 내용을 레이저로 송출하여 스피커가 명령을 수행하도록 조작하는 방식으로 진행되었다. 실험 결과, 레이저를 통한 해킹은 최대 110m 거리에서까지 가능하다는 것을 확인하였으며, 차고문을 열거나, 각종 기기를 조작하는 등의 활동이 레이저를 활용하여 충분히 조작될 수 있음을 증명하기도 하였다.

ᜥ 레이저를 활용한 AI 해킹 12

2) 가정용 IP 카메라 해킹 사고 사례

코로나-19 등을 계기로 '언택트' 기술이 새로운 트렌드로 자리매김하게 되었다. 즉, 스마트홈 사업과 함께 IP 카메라 시장이 점차 확대되고 있는 것이다.

하지만 일반 중소형 사무실이나 집합시설에 대한 보안은 여전히 취약하며, 가정용 IP 카메라가 늘어날수록 해킹의 피해 가능성 또한 높아지고 있다.

우리나라에서 IP 카메라 해킹과 관련하여 가장 대표적인 사례로 'N번방 사건'을 꼽을 수 있다. N번방 운영자는 IP 카메라를 해킹하여 얻은 불법 촬영물을 실제로 음란물 사이트에 유포하였다. 우리나라뿐 아니라 해외에서도 IP 카메라를 해킹하여 사생활 영상을 유포

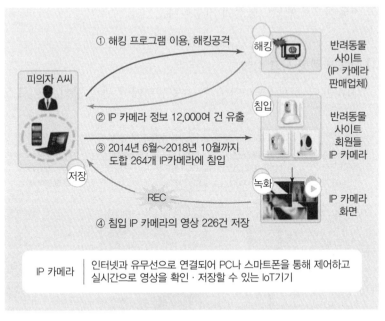

반려동물 사이트 및 IP 카메라 해킹 개요도 13

하는 사례가 꾸준히 발생하고 있어 IP 카메라 보안을 위한 연구 개
발에 대한 필요성이 제기되고 있다.

6. 지능형 로봇 사고 사례

로봇(Robot)은 스스로 일하는 기계라는 의미로서, '일한다
(Robata)'라는 체코어에서 유래되었다. 로봇은 1956년 최초로 산업
용 로봇이 개발된 이후 제조업, 산업현장분야에서 주로 사용되는 기
술이었다. 그러나 현대에 들어서는 단순한 로봇이 아닌, AI가 접목
된 지능형 로봇이 등장하기 시작하였다. 지능형 로봇은 프로그래밍
된 명령만을 수행하던 기존의 로봇과는 달리, 스스로 환경을 인식하
고 자율적으로 판단 · 동작이 가능하다.

1) 지능형 로봇 사고 사례

2016년 미국 캘리포니아주 한 쇼핑센터에서 관리 중인 나이트스

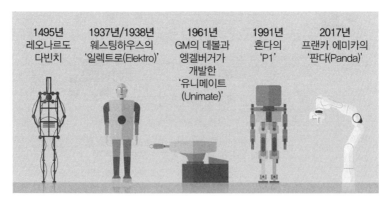

∝ 로봇 변천사 : 로봇의 역사에서 중요한 전환점들 14

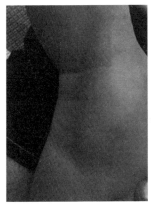

⌗ 미국 경비로봇 남아 상해 사고 15

코프 사의 경비로봇 'K5'가 16개월 남자아이에게 상해를 입힌 사고가 발생하였다.

'K5'는 키 152cm, 무게 136kg의 경비 전용 로봇으로, 직접 범인을 체포하지는 않지만, 센서를 통해 사람의 행동을 인식하고 의심스러운 행동이 발견되면 이를 주위의 다른 사람들에게 알려주는 역할을 수행한다. 그러나 생후 16개월의 아이를 들이받은 데다가 움직임을 멈추지 않는 오류가 발생하였고, 결국 경비로봇은 쇼핑센터에서 철수하였다.

2) 로봇 사고 사례에 대한 법적 책임

인공지능 로봇의 판단 착오 및 오작동으로 인해 발생하는 사고에 대한 책임은 누가 져야 하는지에 대한 논란은 여전히 뜨겁다.

유럽 연합은 2017년 로봇과 관련된 결의안을 합의하였다. 이는 로봇으로 인해 발생할 수 있는 피해 상황에서 엄격한 책임원칙을 부여하는 방안이다. 로봇에게 전자 인간의 법적 지위를 부여하며, 로

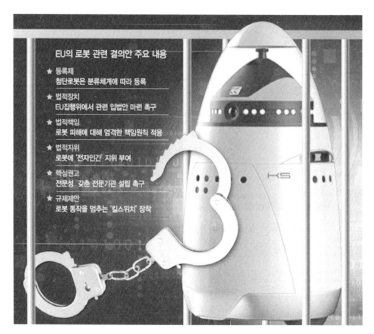

EU 로봇 관련 결의안 내용 16

봇이 실제로 잘못한 부분에서 발생하는 손해 보상과 로봇이 자율적으로 결정한 사건 등에 대한 책임을 부여할 수 있도록 결정하였다.

미국 또한 AI 기술에 있어 공익 보호, 공정성, 책임성, 투명성 확보를 최우선 사항으로 지정하였으며, 올바른 방향으로 기술개발을 할 수 있도록 가이드하고 있다.

이와 관련하여 국내 로봇 전문가들은 해외의 주요 선진국처럼 우리나라에서도 로봇 관련 규제 및 법 제도를 신속하게 마련해야 한다고 강조하고 있다.

7. 의료분야 인공지능 오판독 사례

　기술이 발전함에 따라 의료시장계에서도 인공지능이 도입될 경우 보다 효율적인 진료 및 처방이 가능할 것으로 예상된다. 실제로 인공지능이 도입될 경우 가장 활용이 유용할 것으로 생각되는 분야에 '의료분야'라고 응답한 비율이 가장 높았다.

　그럼에도 불구하고 의료분야에 인공지능이 도입되는 것은 상당한 시간이 필요하다. 현재 의료계에서는 인공지능을 진료 환자를 대하거나, MRI, CT 등 촬영 영상에서의 문제점을 발견하는 등에 접목하여 사용하고 있다. 특히, 촬영 영상에서 문제점을 발견하는 부분에서는 사람의 눈으로 판별하는 것보다 훨씬 정확성이 높다는 연구 결과도 존재한다. 게다가 의료지원 시스템을 활용할 경우 기존의 수작업으로 진행하던 진료 환자들의 정보 데이터를 신속하게 처리하고, 문제점을 파악해 주는 등 의료분야에서 인공지능은 타 분야 대비 높은 활용성을 보여줄 수 있다.

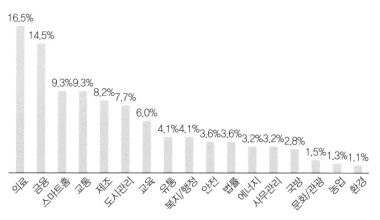

◦◦ 인공지능 적용산업 우선순위 17

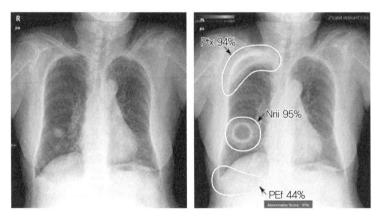

◁ 의료 진단 보조 시스템 '루닛 인사이트' 18

    하지만 이러한 장점이 있음에도 불구하고 현대 의학분야에서 전면적으로 인공지능을 도입하기에는 문제점이 존재한다. 가장 큰 이유는 학술 측면에서 의료용 인공지능의 성능에 대한 검증을 받기 어렵다는 부분과 실제로 위급상황에서 AI의 오판독이 발생한 경우 인공지능 시스템을 개발한 기업이 책임을 져야 하는지, 처방을 내린 의사가 책임을 져야 하는지에 대한 명확한 책임소재 기준이 없기 때문이다.

인공지능 의료분야 흑인 차별 사례

    인공지능은 흑인을 고릴라로 인식하거나, 아니면 얼굴 자체를 인식하지 못하는 등 흑인에 대한 차별이 적지 않다. 이는 의료분야에서도 예외는 아니었다. 미국 비영리 의료기관인 매스제네럴브리검은 인공지능을 도입하여 환자의 건강상태를 파악하는 알고리즘을 적극 활용하고 있다. 그러나 이 알고리즘이 신장 치료 및 수술 과정에서 인종 차별에 따라 잘못된 진단이 내려졌음이 밝혀졌다. 보건 시스템에 저장된 신장 질환 환자 데이터 약 5만 7,000명의 데이터를 분석하는 과정에서 백인보다 흑인의 신장 기능 상태를 상대적으로 양호하게 평가한 것으로 나타났다. 즉, 흑인 환자들 중 일부는 수술이 필요한 환자임에도 불구하고 올바른 처방과 치료를 받지 못하였을 가능성이 제시되었다.

출처

Chapter 1 미래의 재난

1. 연방재난관리청(https://www.fema.gov/ko)

2. 경주서 규모 5.8 관측사상 최강 지진… 전국이 흔들렸다, 연합뉴스, 2016. 9. 12.

3. 중국발 미세먼지와 국내 발생 미세먼지, 어느 것이 더 해로울까?, SBS뉴스, 2019. 1. 9.

4. The National Association of Regulatory Utility Commissioners, "Utility and network interdependencies : What state regulators need to know", Technical Assistance Brief on Critical Infrastructure Protection, 2005.

5. 왜 아이슬란드 화산재는 상공 17km까지 올라갔나, 주간조선, 2010.

6. 55년 동안 녹아내린 빙하가 무려 9조 톤, 데일리비즈온, 2019.

7. 일본 쓰나미(https://blog.naver.com/opinion1011/10137106909)

8. '지진이 방아쇠 될라' 울산 석유화학공단 안전에 촉각, 연합뉴스, 2016. 7. 6.

9. https://namu.wiki/w/2020-2021%EB%85%84%20%ED%95%9C%EB%B0%98%EB%8F%84%20%ED%95%9C%ED%8C%8C%20%EB%B0%8F%20%ED%8F%AD%EC%84%A4%20%EC%82%AC%ED%83%9C

10. 김상욱, 한국종합사회조사 2012, 성균관대학교출판부, 2013.

11. 이례적인 한파에 꽁꽁 얼어붙은 '지구', News1, 2018. 1. 12.

12. 갑자기 통신이 정지된다면? 새로운 재난 '디지털 블랙아웃', 현대자동차 키즈현대

13. 우주전파환경 관측데이터 활용 고도화를 위한 신뢰도 평가방안 연구, 국립전파연구원, 2016.

14. NRC(National Research Council) 국가조사위원회, 2008.

Chapter 2 인공지능

1. 과학기술정책연구원, 2020.

2. 마쓰오 유타카, 인공지능과 딥러닝, 동아엠앤비, 2015. 12. 10.

3. LG CNS AI빅테이터연구소, 2020.

4. 딥러닝(Deep Learning), 전자신문, 2017. 2. 5.

5. 영국 오카도(Ocado), 지능화기술로 유통혁신을 이끌다, 한국정보화진흥원, 2018.

6. 한희원, 인공지능(AI) 기반의 치명적 자율무기에 대한 법적·윤리적 쟁점 기초연구, 2018.

Chapter 3 제4차 산업혁명

1. 4차 산업혁명 대응을 위한 주요 과학기술혁신 추진과제, KISTEP, ISSUE PAPER, 2017. 4.

2. 알파고 바둑 실력의 비밀, '딥러닝(Deep Learning)', Unist, 2017. 5. 25(https://news.unist.ac.kr/kor/column_202)

3. 인공지능 발전이 가져올 2030년의 삶, NIA 스페셜 리포트, 2016. 4.

4. 인공지능이나 로봇에 의해 대체될 가능성이 높거나 낮은 직업군 리스트, 한국고용정보원, 2016. 3.

5. Bach By Design : Computer Composed Music — Experiments In Musical Intelligence(https://www.discogs.com/ko/David—Cope— Bach—By—Design—Computer—Composed—Music—Experiments—In— Musical—Intelligence/release/7531356)

6. 구글 자율주행차(https://brunch.co.kr/@wonish/56)

7. 스마트시티 바르셀로나, 미래로 한 발짝 성큼, 소비자평가, 2017. 11. 28. (http://www.iconsumer.or.kr/news/articleView.html?idxno=4649)

8. 바이오 3D 프린터(https://www.gigabitmagazine.com/cloud—computing/top—three—3d—printing—breakthroughs—2019)

9. OECD 각료이사회, 2014. 5.

10. 휴머노이드 소셜 로봇 '페퍼' 국내 첫 상륙, 인공지능신문, 2017. 10. 4. (http://www.aitimes.kr/news/articleView.html?idxno=10784)

11. Street Bump Mobile Application Terms of Service (https://www.boston.gov/departments/innovation—and—technology/street—bump—mobile—application—terms—service)

12. 스트리트범프 앱(https://subinne.tistory.com/29)

13. 올빼미버스 노선도(http://bus.go.kr/nBusMain.jsp)

14. 로킷 바이오 3D 프린터 인비보(http://www.3disonprinter.com)

15. 224년 역사의 브리태니커 백과사전은 왜 사라졌나, KBS 명견만리, 2016. 1. 20(https://m.blog.naver.com/PostView.nhn?blogId=kbsgoodinsight &logNo=220603229294&proxyReferer=https%3A%2F%2Fwww.google. com%2F)

16. 3D 프린터로 금속 권총 제작, YTN 뉴스, 2013. 11. 9. (https://www.ytn.co.kr/_ln/0104_201311092210538443)

17. 위키백과(https://ko.wikipedia.org/wiki/%EC%84%B8%EA%B3%84_%E C%9D%B8%EA%B5%AC)

18. 알라딘서재(http://blog.aladin.co.kr/kino/popup/87172)

19. OECD 국가 물 부족 상황, OECD 2050 환경전망, 2010.

20. 칸쿤 합의 내용 중 일부

21. IPCC 제5차 보고서, 2014.

22. 2021년 전 지구 기후변화 보고서, WMO, 2022.

23. IPCC 제5차 보고서, 2014.

24. 농림축산식품부, 2021.

Chapter 4 인공지능과 재난

1. 한국기계연구원(https://www.kimm.re.kr)

2. 미국 기상예보(https://kr.123rf.com/photo_48848232)

3. 국가기상슈퍼컴퓨터센터(http://www.kma.go.kr/aboutkma/intro/ supercom/index.jsp)

4. 필리핀 마욘화산 용암분출, AP연합뉴스, 2016. 5. 11.

5. 한국도로공사 홈페이지(http://www.ex.co.kr)

6. 행정안전부 홈페이지(https://www.mois.go.kr)

7. CONNECT 블로그(https://blog.cheil.com/33014)

8. IoT에 이은 '사물의 위치화(LoT, Localization of Things)'란 무엇인가?, 인공지능신문, 2019. 10. 4(http://www.aitimes.kr/news/articleView. html?idxno=14375)

9. 데일리포스트(https://www.thedailypost.kr/news/articleView.html? idxno=70286)

10. 행정안전부 홈페이지(https://www.mois.go.kr)

11. The Financial News(https://www.msn.com/ko-kr/news/techandscience)

12. PDC(https://www.pdc.org/about)

13. IBM(https://www.ibm.com)

부록

1. 파주시, 2021년 CCTV 지능형 관제시스템 구축, 시사복지신문매일, 2021.

2. 국가수자원관리종합정보시스템(WAMIS)

3. 국제자동차기술협회 자율주행 표준 J3016

4. 셔터스톡(https://www.shutterstock.com)

5. business insider(https://www.businessinsider.com)

6. '[디지털 이야기] 우리의 돈을 디지털 기술이 만지면 발생하는 현상들', 부산제일경제, 2019. 9. 18.

7. 한맥증권 주문실수로 횡재한 거래상대는 외국인, 연합뉴스, 2013. 12. 13.

8. Power-Grid International(https://www.power-grid.com)

9. 네이버 클로바 홈페이지(https://www.clova.ai)

10. 가정용 CCTV, 구축 방법과 주의할 점은?, IT 동아, 2018. 12. 10.

11. [AI 스피커의 그림자 ②] 당신의 음성은 지금도 녹음되고 있다, 아시아경제, 2018. 7. 3.

12. 레이저로 해킹된 'AI 스피커… 110m 거리서도 통한다', SBS뉴스, 2019. 11. 6.

13. IP 카메라 해킹, 여성 5,000명 은밀한 사생활 털렸다, 머니투데이, 2018. 11. 1.

14. Infineon(https://www.infeneon.com)

15. 미국 쇼핑센터 경비 로봇, 아이 폭행사건 '일파만파', 로봇신문, 2016. 7. 13.

16. AI 로봇 범죄, 어떻게 처벌하나, 한국일보, 2017. 5. 10.

17. "인공지능(AI) 접목이 기대되는 분야는 의료·금융", 아시아경제, 2017. 3. 9.

18. 의료 분야 AI 기업, 의료산업 첨단화 이끈다, 로봇신문, 2021. 4. 21.

재난과 인공지능

발행일 | 2023년 9월 15일 초판 발행
저 자 | 송창영
발행인 | 정용수
발행처 | 예문사

주 소 | 경기도 파주시 직지길460(출판도시)
도서출판 예문사
T E L | 031) 955-0550
F A X | 031) 955-0660
등록번호 | 11-76호

정가 : 16,000원
ISBN 978-89-274-5089-4 13300